湛庐文化
Cheers Publishing
a mindstyle business
与 思 想 有 关

美国开始把政府活动视为向大众提供的一种有价服务。政府的角色开始发生重要的转变

金融业

1993年

联合国发布的国民经济核算体系标准引入了“间接计算的银行中介服务产出”的概念。过去对于GDP几乎没有贡献的金融业，开始成为促进GDP增长的重要力量

约翰·梅纳德·凯恩斯构筑了一套能阐述不同经济变量之间关系的理论。政府可以采取财政和货币政策来实现更高、更稳定的经济增长

比较及探究增长的本质

20世纪80年代

罗伯特·索洛的经济增长模型依然处于主流地位。该理论认为经济总产出的增长取决于所投入生产要素的增长。当然，它还与某些未经解释的剩余或残留物有关，这被称为技术进步

·斯通和詹姆斯·米德
了现代意义上的第
民核算体系

国民经济核算体系标准

1953年

为了更好地比较各国的经济状况，使马歇尔援助计划能发挥最大的效用，联合国发布了第一个“国民经济核算体系标准”

GDP所依据的仍然是工业革命时期的理念，这使得它很难真正去衡量社会创新和技术进步

方法上的缺陷

GDP是一个人造的概念，其计算方法天生就是不稳定的，而计算方法上的任何微小变化，都可能引发GDP数据的巨幅波动

特别制作

极简GDP史

[英] 黛安娜·科伊尔（Diane Coyle）◎著

邵信芳◎译

浙江人民出版社
ZHEJIANG PEOPLE'S PUBLISHING HOUSE

小测试

你究竟对GDP了解多少

1. 有一位农场主，在妻子离世后，娶了自己的女管家。在两人结婚之前，农场主每年需支付给女管家5 000美元工资，在他们结婚后，对GDP会造成什么影响？

A.结婚后，女方的工作内容未发生变动，因对GDP没什么影响

B.GDP会减少5 000美元

2. 随着某产品的制造工艺大幅改进，在质量全面提升的情况下，其销售价格猛烈下降。在此情况下，同等数量的产品对于GDP会造成什么样的影响？

A.消费者受益更多，因此同等数量的产品会增加GDP

B.同等数量产品对GDP的贡献会减少

3. 由于连续降雨，某镇被淹没。洪水退却后，人们开始重建工作。重建费用会算在GDP增加值中吗？

A.会

B.不会

4. 下列那些经济活动不会被计入GDP？

A.自己带孩子

B.政府部门提供公共医疗

5. 通过对比各时段的GDP数据，国家能够摸清自身的经济发展趋势，而为了使各时间段的数据具有可比性，通常会使用什么方法进行调整？

A.价格平减指数

B.平滑

6. 通过对比各国GDP的增速，不但可以明确经济援助的对象和规模，还能构建起可以阐释经济发展本质的模型。为了使各国GDP数据具有可比性，通常会使用什么方法进行调整？

A.汇率

B.购买力平价（PPP）

7. 下面哪种说法比较符合菲利普斯曲线的表述？

A.失业率高的时候，通货膨胀率低

B.失业率低的时候，通货膨胀率低

8. 通常，政府会通过扩大财政支出来刺激GDP增长，而该举措能获得良好效果的前提条件是什么？

A.财政支出乘数大于1

B.财政支出乘数小于1

9. 根据索罗的模型，经济发展主要取决于下列哪些因素？

A.土地、资本、劳动力等生产资料的增长

B.技术的不断进步

10. 哪个国家最先把金融业的产出计入GDP\GNP?

A.美国

B.瑞士

扫码关注“湛庐教育”，
回复“极简 GDP 史”，获得
测试题答案。

前言 GDP

要命的数字，GDP如何影响人们的生活

“在希腊，统计工作就像是一项搏击运动。”当刑事指控和议会调查的阴云笼罩在安德烈亚斯·耶奥尔耶欧（Andreas Georgiou）的头上时，他这样说道。在一部关于这场欧洲经济灾难的电影中，影星乔治·克鲁尼可能会扮演这位曾在国际货币基金组织（IMF）工作多年的杰出人物。2010年末，耶奥尔耶欧经欧盟和国际货币基金组织同意，出任希腊政府新的官方统计机构Elstat的负责人。刚上任几周，他的电子邮箱就遭到了黑客攻击。没过几个月，那些丢掉饭碗的原政府统计

机构的董事会成员就指控其行为违背了希腊的国家利益。[1]这一案件在希腊引发了严重的意见分歧，检察官随后指控他犯下玩忽职守、做虚假陈述和伪造官方数据等几项重罪。然而，他究竟有什么罪行呢？过去的几十年里，希腊官方的统计人员总是在政客的要求下篡改数据，而他却试图提供希腊经济的准确统计数据。这个赌注很大！希腊需要外界救助款，它能解政府的燃眉之急，并防止经济崩溃。然而，外界提供救助款的多少，却取决于其目标的完成情况。这些艰巨的目标包括减小政府开支和借款等，它们通常被表示为预算赤字与国内生产总值（Gross Domestic Product，GDP）的比率。GDP是衡量一个国家经济规模的标准，尽管它已是街头巷尾都在议论的词语，但对于绝大多数人来说，它其实并没有太多的实际意义。这一统计数值如何变得如此重要？本书就是为了展现这一过程的历史脉络。

关键点，决定希腊国计民生的 GDP

在耶奥尔耶欧被任命之前，欧盟委员会公布的一项官方调查显示，希腊已经伪造数据很多年了。在 2010 年早些时候，希腊国家统计服务机构（NSSG，Elstat 的前身）的负责人颇为无奈地联系了在布鲁塞尔的欧盟官员，声称："官方要对数据规范进行干预。"这项调查断言，谎报数据的情况已经出现过很多次了，“希腊政府根本搞不清楚自己的钱是怎么花出去的。”该调查还严重质疑了“希腊组织机构的会计责任”，这个官腔十足的说法无非是为了掩盖该国政府在诸如国防等众多领域处于开支失控状态，它甚至都统计不出到底在这些领域花了多少钱[2]。

官方调查其实毫无必要。任何一名统计人员，只要看看报告中的数据，就能向欧盟的委员们指出希腊做假账的问题。2006年，希腊公布的GDP数据比预期高了25%，这其实为所有人提供了一个潜在的警告信号：NSSG开始将非正式经济的价值估算进GDP中，这些经济活动会通过运用各种花招来躲避税务机构的监管。希腊肯定不是唯一在GDP数据中计入所谓非正式经济规模估算值的国家（我们将在本书后面的内容中对此进行更深入的解读）。不过，这次大幅提高数据的动机却值得探究。希腊希望获得更多的借款，而贷款机构在决定贷款额度时非常看重当事国GDP的规模，它们通常会认为这是借款方还款能力的保障。

撇开这种突然变化，也不考虑欧盟统计人员一贯对希腊数据的不满意态度，捏造的数据还是可以很容易被发现的。它们通常都会有一个统计上的标志，昭示着自己是经过伪造的。GDP和其他经济变量都具有特定的、难以伪造的统计指纹。假如这些数列是随机获得的，那么每个数列其首位数是 1 的概率并不是 1/9，9 以内其他数字出现在数列首位的概率也不是 1/9。真正随机获取的数据，数列首位数字是 1 的概率是 9 的概率的 6 倍多，是 3 的概率的 2 倍多。这种指纹模式被称为本福特定律（Benford's Law）。大卫·克鲁霍尔特兹（David Krumholtz）曾在犯罪系列剧《数字缉凶》（*Numbers*）里扮演数学天才查理·艾普斯博士（Dr. Charlie Eppes），在该剧 2006 年的《逃亡的人》一集中，他就是利用这个法则破解了一连串的盗窃案。希腊的 GDP 统计数据并不具备本福特定律的指纹图谱。[3]

欧盟委员会的报告是我读到过的最不打官腔的报告。它说得很清楚，希腊财政部不断向统计人员下达指令，要求以获得可持续性贷款为目标，来提供赤字和 GDP 数据。显然，在 2010 年之前，NSSG 董事会必定是要么知道、要么不知道数据造假问题的存在。然而，无论在哪一种情况下，作为国家统计机构的董事会，它都很难称得上是称职的。我的好朋友保拉·苏巴基（Paola Subacchi），现在是知名的国际事务研究智库英国皇家国际事务研究所（Chatham House）的研究总监，她恰巧在 2002 年到过 NSSG。当时她坐飞机到达雅典后，叫了一辆出租车前往 NSSG 的所在地，结果发现它在一片近郊的住宅区里。她回忆道："它的四周都是一些普通小店，我搜寻了一番后，才找到这幢建造于20世纪50年代的公寓大楼的入口。我走上楼梯，来到一个布满灰尘的房间，里面没有多少人，甚至没有一台电脑。真是太不可思议了，这根本不是一家专业机构。”难怪国际货币基金组织和欧盟委员会打算派遣耶奥尔耶欧去创建一个新的统计机构，并把这作为向希腊政府提供援助贷款的条件。揭盖子的事，总会令某些人感到不悦和诧异。“我就是因为不做假账而被起诉的。”耶奥尔耶欧在遭到出卖国家利益的指控后这样说道。这个罪名，理论上会让他面临终身监禁的惩罚。

通过这个不道德的统计造假事件，我们可以发现，GDP数据在日常政治和金融中有着举足轻重的地位。从理论上看，耶奥尔耶欧可能因为提供了和前任不同的数据而坐牢。**数以百万计的人会有工作吗？需要排着长队等待施舍吗？显然，希腊人民的生活水平取决于GDP数据。**

指标之王，成为经济政策核心的GDP

GDP是我们用来衡量和比较国家运行状况优劣的手段。然而，它并不像衡量自然现象那样，比如衡量陆地面积或平均气温，两者的精确程度是很不同的。GDP是一个虚构的实体，这个概念的起源只能追溯到20世纪40年代。在本书的下一章中，我将会详述此前用于反映经济运行状况的几种不同概念，这些概念其实也不过只有两百多年的历史。尽管耶奥尔耶欧不太可能真的去蹲监狱（相关调查还在继续拖延），但他还是差点因为某一个抽象概念而失去自由。这个抽象概念囊括了一切事物，从钉子、牙刷、拖拉机、鞋、理发、管理咨询、街道清扫、瑜伽教学、盘子、绷带、书籍到经济中其他的服务和货物；然后采用复杂的方法进行调整，为了应对季节性波动，必须考虑通货膨胀因素，并将它们标准化，从而让所有国家的统计数据大体上都具有可比性，当然这一切的前提是它们还能基于某种假定的汇率再次被调整。**你要抓住的要点是：这个抽象的统计数字是通过极其复杂的方法推导出来的，但它非常重要。**

那么，这样一个虚构的、复杂的和抽象的东西，为什么会对那些能够影响希腊人民生活的经济政策如此重要呢？让 GDP 来支配那些影响他们和我们命运的政治决策，这到底对不对？归根到底，这种衡量“经济”的单一方法将会主导政治角逐。政府的命运将会因为 GDP 季度数据上升 0.2% 和下降 0.1% 的差别而起起落落。后者可能预示着经济衰退，而前者则意味着政府改选。GDP 的增长率会是多少？经济学家和政治家经常围绕这点展开激烈争论，以此表达他们对经济现状的看法，以及对政府应该采取什么措施的建议。媒体则会添油加醋地把这些不同预测传达给大众。

不过，GDP 作为衡量经济成功的首要指标，其地位已经遭到了越来越多的挑战。这其中反对最激烈的不是政客，也不是经济学家，而是普通民众，他们将 GDP 视为出现问题的首要症候。例如，环保主义者认为是它导致了对经济增长的过度强调，从而牺牲了地球上的环境质量；“幸福”主义倡导者认为，GDP 指标需要被那些能衡量真正幸福的指标所取代；诸如占领运动（Occupy movement）等的积极分子提出，对 GDP 的关注掩盖了社会的不平等和不和谐问题。

关于 GDP 及其对经济政策的导向作用，有一些批评确实是中肯合理的。比如，对 GDP 统计构成的复杂程度的质疑，对一个如此复杂的抽象概念究竟能起到何种实际作用的质疑。**不过，正如本书将要阐述的那样，GDP 始终是衡量市场经济所创造的自由和人类能力的重要标准。尽管它并不是完美无缺的，但的确展示了人类的创新能力和可能性。**与此同时，当经济中服务和无形产品的占比越来越大的时候，它也是衡量人类创造力和相互关心水平的重要指标。2000 年，美国经济分析局（the U.S. Bureau of Economic Analysis）宣布 GDP 为“20 世纪最伟大的发明之一”。[4] 虽然这种赞誉有点吹嘘的成分，但也是可以理解的。

本书将对 GDP 这个概念进行解释，并描述它的发展历史，陈述它的局限性，捍卫它作为经济政策重要参考指标的地位。毫无疑问，比起一些曾被提出过的时髦的替代性选择（比如幸福），它仍是最好的指标。我也将在本书中，讨论这样的问题，即仅仅用一个 GDP 是否仍然能够很好地衡量经济表现。我的结论显然是否定的。**这一指标本就是为 20 世纪大规模物质生产的经济而设计的，显然它很难完全适合以快速创新和无形的、越来越数字化的服务为特色的现代经济。**经济运行状况的好坏永远是日常政治的重要组成部分，因此我们需要一个比 GDP 更好的测量“经济”的指标。

目录 GDP

A BRIEF
HISTORY A BRIEF
AFFECTIONATE HISTORY
CTIONATE
GDP
A BRIEF
A BRIEF
A BRIEF
GDP GDP
GDP GDP
AFFECTIONATE
A BRIEF
HISTORY GDP
A BRIEF
AFFECTIONATE
HISTORY
GDP GDP
BUT
BUT
BUT
BUT
A BRIEF
BUT
HISTORY
AFFECTIONATE
BUT AFFECTIONATE

01 战争与萧条

GDP 的诞生

(1700—1939)

对国家整体经济能力的测量，源自战争的需求。自第二次英荷战争到第二次世界大战之前，这种关系维持了近300年。剔除国民必要的消费之外，国家还有多少余力进行战争？能搞清楚这个问题的国家，无疑可以在列国角逐中占据巨大的优势。

战争是发明之母。许多最终在民用领域发扬光大的新技术，最初都是为了满足作战需求而研发的，并且通常都是由军方资助完成的。从因特网到特氟龙，从雷达到可编程计算机，莫不是如此。在这些林林总总的发明中，GDP 也赫然在列，它也是由第二次世界大战所孕育的诸多发明之一。

GDP 这个概念，从字面上就可以明白它的含义。

- 产品（P, Product）：生产出来的东西。
- 国内（D, Domestic）：在一国之内。
- 总额（G, Gross）：没有扣除，与净数相对（相反，麦片包装上会标注"净重"，仅指所含之物的重量，不包括包装的重量）。

GDP 仅是一整套经济核算指标中的一个，即国民收入核算。本书后面的部分会对此进行详细的讲解。为了弄清 GDP 这个概念的含义，我们可以先来简要地回顾一下全国性统计的发展历史。

国家到底有多强，从有形产品到服务

对整个经济的首次系统性测量是由早期的一次战争促发的。1665 年，英国科学家兼政府官员威廉·配第爵士对英格兰和威尔士的收支、人口、土地以及其他资产进行了测算，其目的是评估国家可用于战争的资源储备以及通过税收来资助战争的能力（这场战争是发生在 1664—1667 年的第二次英荷战争，至今已鲜为人知）。配第不仅要证明这个国家可以承担更高的税率，而且还要证明它能够同荷兰和法国这样强大的邻国较量。[1] 为了确保胜利，英国不必去占领更多的土地，也不用扩大人口规模，因为其所拥有的土地、资本和劳动力还有巨大的潜力可挖掘。这种对经济的洞察意义非凡。**同样意义重大的是，配第采用了复式簿记法来记录整个国家的经济状况。**

另一套早期的经济估算法由查尔斯·戴维南特（Charles Davenant）于 1695 年发明，他在《论支持战争的手段和方法》（*An Essay Upon the Ways and Means of Supplying the War*）一文中十分清晰地表达了国民经济核算的目的。statistics（统计）一词与 state（国家）一词具有相同的词源，最初指的是搜集相关国家的各类数据，尤其是税收数据。当时，毗邻英国、版图面积更大的法国看上去似乎更强大，不过，它并没有国民收入方面的统计信息，这使得英国占据了巨大的优势，它能据此计算总产出及税收的增长幅度。直到 1781 年，法国国王才有了类似具有战略意义的重要经济和财政统计数据。当时，法国财政大臣雅克·内克尔（Jacques Necker）发表了著名的致国王的《财政报告书》，论述了当时法国的经济实力。这份报告使得国王能够增加新的贷款，当然，这最终还是没能帮助他阻止 1789 年法国大革命的爆发。

亚当·斯密的国民收入观：
生产性与非生产性劳动的划分

斯密认为，市场提供的诸多服务对国民经济而言是一种成本。家仆是雇主的成本，他没有创造任何价值。重要的是，用于战争的开支和政府债务的利息支出也是非生产性的，他们不会产生价值。国民财富等于其有形资产的总量减去国家债务。

在整个 18 世纪中，一批又一批统计学的先驱者涉足这一领域，尽管他们每个人所衡量的内容差别不大，但都在不断地完善着诞生于英国的这个概念的内涵。“国民收入”这个概念看似足够清晰，但在实际运作中，则意味着必须做出选择：它应该包含什么，不包含什么，两者的界限非常模糊不清。与我们当今所处的时代不同，当时并没有标准化，没有普遍认可的定义，因此其所测量的内容与现代 GDP 完全不是一回事。**这些早期的国民经济核算都构建于同一个总体思路上，即国民收入包含可供当前消费的部分及留存下来再投资以增加国内资产的部分。**

在接下来的几十年里，这个框架不断演变。[2] 后来的作者总是对经济的不同方面有所侧重和强调。包括小说家兼“小册子作者”丹尼尔·笛福在内的一部分人认为，一个国家的繁荣，关键在于促进贸易，包括国际贸易及国内贸易。在别的时候，人们会在咖啡馆里和小册子上围绕债务问题展开争论。17 世纪晚期至 18 世纪晚期，英国政府经常会公布本国的债务数据。再一次，为战争筹措资金成了统计国民总收入的最大的驱动力所在。

接下来，真正的智识创新出现了。1776 年，《国富论》出版了，亚当·斯密在书中对“生产性”劳动和“非生产性”

劳动进行了区分。一位匿名作者于 1746 年写道："我所说的国民收入，指的是所有人从土地、贸易、艺术、制造、劳动及其他任何途径获得的一切总和，而年度开支指的是人们的全部支出或消费。"然而，30 年后，在亚当·斯密的定义中，并不是"所有人"都计算在内的。只有那些从事有形商品生产，即从事农业和工业的人，才会被统计到国民收入中。**斯密认为，市场提供的诸多服务对国民经济而言是一种成本。家仆是雇主的成本，他没有创造任何价值。重要的是，用于战争的支出和政府债务的利息支出也是非生产性的，它们不会产生价值。国民财富等于其有形资产总量减去国家债务。**国民收入源自国民财富。根据本杰明·米特拉-卡恩（Benjamin Mitra-Kahn）的说法："《国富论》催生了一种新的经济思想，在亚当·斯密的学生及其崇拜者的努力下，这种思想几乎马上就得到了全社会的认同。"

斯密在《国富论》一书中指出：

> 有一种劳动，施于劳动对象上，就能增加后者的价值；而另一种劳动，却无此效果。前一种劳动由于能生产价值，可称为生产性劳动；同理，后一种劳动则可称为非生产性劳动。制造业工人的劳动，通常会把维持自身生活所需的价值与提供雇主利润的价值，加在所加工的原材料的价值上。相反，家仆的劳动，

> 却不能增加什么价值……雇用大量工人可以致富，而保留很多家仆就会致贫。[3]

直到 19 世纪晚期，亚当·斯密对生产性劳动和非生产性劳动的区分始终支配着关于经济的争论以及对经济的计量活动。这种学说也得到了卡尔·马克思的认同，并且成为计划经济体制的计量基础。例如，苏联的经济统计通常比较注重物质产出，而在很大程度上忽视了服务性活动的产出。与此相对照的是，到 20 世纪 80 年代后期时，服务性活动的产出在西方资本主义国家的 GDP 中占比达到了 2/3。就经济统计而言，忽略服务性活动的产出，无疑是一个重大的疏忽。

阿尔弗雷德·马歇尔的国民收入观：服务也是一种财富

马歇尔作为“新古典主义”经济学的主要代表人物，抛弃了亚当·斯密划分生产性劳动和非生产性劳动的学说。他坚定地指出：“财富既包括物质性财富，也包括精神的或非物质性财富。”

然而，这种以物质生产来思考国民经济的方法在 19 世纪依然被普遍采用，直至它被颠覆。当时，新一代的“新古典主义”经济学家（与诸如亚当·斯密这样的“古典主义”经济学家相对）抛弃了划分生产性劳动和非生产性劳动的学说。阿尔弗雷德·马歇尔与亚当·斯密同属经济思想史上的泰斗，他坚定地指出：“财富既包括物质性财富，也包括精神的或非物质性财富。”服务将被界定在国民收入的范围中。马歇尔在 1890 年出版的《经济学原理》一书中提出了全新的论断。在随后的 19 世纪末和 20 世纪初，根据他的论断进行的经济计量工作，被称作国民收入核算的“第一阶段”。[4]

政府角色转型，现代国民经济核算的确立

对早期国民收入核算的历史和 GDP 的先驱样态稍加研究，就会发现“国民收入”这个概念既不准确，也不固定。如何解释它，既取决于当时的智识氛围，也取决于彼时政治及军事方面的需求，因此定义总是随着时间的变化而有所不同。部分经济学家据此得出结论，20 世纪之前的经济计量并不那么严肃。安格斯·麦迪森（Angus Maddison）率先完成了世界自公元 1000 年到现在的 GDP 核算工作，这绝对是一项非常了不起的成就。他认为：“经济增长在 19 世纪以前要缓慢得多，因此重要性并不大，也不能引发人们的兴趣。”他还略带不屑地补充道：“尽管对国民收入的估算越来越多，但其质量或可比性几乎没什么长进。它们并不能对经济增长的严肃分析带

来多大用处，而且在各自的覆盖范围和方法上也存在显著差异。”[5] 早期对经济的计量活动在不同时期里总是缺乏稳定的原则，而且其自身的内涵与现代的定义也不相符。不过，对此进行相反的解释似乎也是可能的：自 19 世纪以来，人们开始重新考虑如何准确地计量经济活动，因为工业革命和曙光乍现的资本主义带来了经济的发展。

我们现在所使用的这些定义可以追溯到现代史上的两大地震式事件：20 世纪 30 年代的经济大萧条和第二次世界大战（1939—1945 年）。[6]

继阿尔弗雷德·马歇尔的《经济学原理》出版之后，很多研究者已经开始了新的尝试，为的就是改进统计数据的收集和国民收入的计量工作。就英国而言，在这方面做得最成功的莫过于科林·克拉克（Colin Clark）。在 20 世纪 20 年代和 30 年代，克拉克按季度而不是按年度计算了国民收入和支出，这在历史上尚属首次，而且他的计算在细致性和全面性方面也达到了前所未有的程度。例如，他将生产和支出细分为不同的类别，而且还出版了详尽的政府财政报告。他还探讨了如何根据通胀情况调整数据，以及如何在不同人群中调节收入分配。1930 年，克拉克被指派为新建立的英国国家经济咨询委员会（National Economic Advisory Council）提供统计数据。

这是英国政府建立的首个官方经济咨询机构。大萧条的经历催生了对统计数据的需求。这些数据或许可以帮助政府找出破解之道，以终结这场史无前例的经济衰退。

在烟波浩淼的大西洋另一侧，美国的西蒙·库兹涅茨有着相似的动机。富兰克林·罗斯福政府需要对美国经济进行一次从头到脚的“体检”，以便搞清楚衰退为何看起来如此遥遥无期。美国国家经济研究局（The National Bureau of Economic Research）受命提供国民收入的预测数据。后来的诺贝尔经济学奖得主库兹涅茨接到了新任务，完善克拉克的研究方法并将之应用到美国经济中。库兹涅茨在数据收集和整合方面细心谨慎，特别留意不同统计数据的采集条件以及因此而可能出现的数据缺陷。[7]1934 年 1 月，他向美国国会呈递了第一份报告，述及美国的国民收入在 1929—1932 年减少了一半。尽管当时美国正处于经济萧条中，但这份报告依然十分畅销。该报告每份售价 20 美分，第一版印刷的 4 500 份很快就全部售罄。[8]罗斯福总统在公布新的复苏计划时援引了该报告中的数据，并在 1938 年向美国国会递交追加预算时使用了库兹涅茨更新后的内容（更新至 1937 年）。**一项关于国民经济核算史的研究指出，针对整个经济进行的国民收入估算，对政府推出的政策所覆盖的范围产生了极大的影响。**赫伯特·胡佛总统曾只有股票行情指数和货运车辆载荷等行业统计数据，由这些数据构建的经济全图显然是不完全的，但胡佛只能以此来应对当时的状况。就号召人们采取行动而言，这样的信息与那种揭示国民经济在仅仅几年内产出减半的权威数据相比，显然是缺乏说服力的。

然而，库兹涅茨却明确地认识到，自己的任务是研究衡量国民经济福利而不仅仅是经济产出的方法。他这样写道：

> 在估算国民收入总量时剔除某些成分是非常必要的，因为从一种更加开明的而不是急功近利的社会哲学角度来看，这些成分对增进国民福利而言无所裨益。此类估算应该从现有的国民收入总量中扣除所有军备开支、大部分的广告费支出以及大量金融及投机性活动所涉及的费用。另外，或许也是最为重要的，就是剔除为了克服困难而不得不做出的开支。确切地说，这些开支其实是人类经济文明中的隐性成本。在人类的都市文明中，通常有一些花费巨大的事物，比如地铁系统、豪宅等。根据它们的市场收益率，我们可以算出其净产出，并归入国民收入的估算中。然而，这绝不代表对组成国家的每个人而言它们都是净服务。根据他们的观点，这些都是为了生活而存在的该死的必需品。[9]

这些见解预示了当今人们对 GDP 的一些指责：毫无疑问，GDP 不是用来衡量福利或者幸福的（本书第 5 章和第 6 章将再次论及此主题）。

库兹涅茨 vs 美国商务部：政府开支的处理

库兹涅茨希望衡量社会总福利，而美国商务部的研究人员则希望制定一种计量方法，为政府推行政策服务。随着政府开支被当作一种产出，国民收入计量史发生了重大的转折，政府所扮演的角色从国民收入的消耗者转向了国民收入的创造者。

怀揣着衡量国家总福利的目标，库兹涅茨实际上与他的时代有些格格不入。福利是和平时代才有的奢侈品。上述这段话却写于 1937 年，当时他将自己的首批核算成果呈递给了美国国会。没过多久，总统需要一种测量经济的方法，它能表明全部生产能力，却不显示用于军备的政府额外开支会减损国家产出。**第二次世界大战前，定义国民收入的难点恰恰就在于，一旦定义形成，它们就将说明：哪怕基于战争需要的政府开支会扩大所有经济领域的产出，但是只要可用于消费的私人产出减少，经济就会萎缩。**成立于 1941 年的美国价格管理及民用供应办公室（The Office of Price Administration and

Civilian Supply）发现，它提出的关于在后续几年内增加政府开支的建议就是基于这个原因而被否决的。只要将国民收入的定义转变成 GDP 的概念，而不是与库兹涅茨最初的建议更相近的概念，这个难题就可以迎刃而解。

库兹涅茨同其他经济学家，特别是同美国商务部的米尔顿·吉尔伯特（Milton Gillbert）之间，曾就何谓正确方法的问题而唇枪舌剑。讨论虽是技术性的，但其基于的原则问题却影响深远：经济增长的意义何在？统计学家衡量经济增长的原因又何在？吉尔伯特和他的同事们都清楚，这其中的目的在于制定一种计量方法，为政府推行其财政政策服务。一位研究 GDP 的先驱人物曾非常平和地指出：如果人们认为，政府当局提供和组织的国防、司法、卫生等公共服务无非是全体消费者某种代理举措而已，它的收入和支出应被合并计入消费项目下，那么事情就会变得很方便。[10] 美国官方的国民收入核算史对此进行了如下描述：

> 在国民生产总值（GNP）概念出现之前，预计的国防开支有时被错误地从预计的国民收入中减除，剩余部分就被理解为产量中用于非战争目的的产品及服务……这种评估方法过于严苛，因为这会使国民收入小于已生产出的产品及服务的总体市场价值，而国防开支本就是其中的一个组成部分。

> 通过将全部的政府采购计入国民产值，GNP 统计将政府在经济中的作用确定为最终消费者，即为了使用目的而购买产品及服务。[11]

美国于 1942 年首次公布了 GNP 的统计数据，并在其中对包括政府支出在内的各种支出类型进行了区分，这让经济学家们看到了本国经济中军工生产的潜力。[12]“（在以市场价格计算的 GNP 中）计入营业税和贬值因素产生了一种生产计量标准，它更加适合用来分析战争给经济带来的负担，”库兹涅茨对此疑虑重重，他认为，“美国商务部的方法一再保证了公共财政支出将会增加经济增长的计量值，不管它是否真正有益于增进个体经济福利。”[13] 在华盛顿的政策角力中，库兹涅茨败下阵来，战时权力政治占了上风。

这种结局成了国民收入计量史上的一个转折点，它意味着 GNP（或者后来的 GDP）将会成为一种非常不同的概念，它迥异于在现代工业发展的黎明时代，即 18 世纪早期直至 20 世纪早期，人们对经济的理解。在这两个世纪里，“经济”是私营部门。政府在经济生活中只是一个小角色，其最重要的功能就是征税以支付战争开支。然而，它的作用在几个世纪中实现了稳步增长。在维多利亚时代，政府除了继续保持其在国防和司法领域的传统职能外，也开始在经济方面提供更多的其他服务，比如现代人认为理所当然应由政府提供的公路设施、水资源等。等到那些战时经济学家们研究出现代 GDP 概念时，政府在经济中的地位已经今非昔比。过去的国民收入概念会剔除国防开支，这将会使人产生一种错误印象，即战争将会导致私人消费支出的巨大牺牲。当然，君主攫取税收收入以发动战争和民主政府集合公民收入来提供服务和公共安全显然不能相提并论，这两者之间存在着天壤之别。**现代化转型的一个方面就是，政府所扮演的角色由国民收入消耗者转向国民收入的创造者。**

英国早在 1939 年与德国及其同伙交战时，就已经早先一步得出了和这些美国官员相同的结论。1940 年，杰出而具有广泛影响力的经济学家凯恩斯出版了小册子《如何为战争付账》（*How to Pay for the War*），他在这本小书中发展并超越了科林·克拉克的方法。凯恩斯在书中严厉谴责了统计数据的不足，使他无法计算出基于现有资源，英国究竟能生产出多少东西？全民动员以及应对战争需要挤占多少资源；究竟有多少剩余可用于民众消费；人们的生活水平会下降多少，由于缺乏数据，这些都不得而知。**对战争的筹划尤其需要更加优质的统计数据，从而了解单个行业的产量以及它们使用何种材料。**凯恩斯写道："自上次战争以来，每个政府都走到了科学和启蒙的反面，认为收集重要事实的信息是在浪费钱财。"[14]

其他一些国家也在 20 世纪 30 年代发展着各自的 GDP 的概念和计量方法。荷兰在这方面是另一个先驱者，德国和苏联也是如此。不过,战争所提供的驱动力不能被低估。**在美国，主持经济研究局工作的韦斯利 · 米切尔（Wesley Mitchell）表示:“只有那些亲身参与过为战争所进行的经济动员的人才会认识到，对 20 年间的国民收入进行评估并用多种方法进行分类，在各方面都极大地帮助了我们在第二次世界大战中取得胜利。”**[15]

英国财政部高级官员奥斯汀·罗宾逊（Austin Robinson）深深地被凯恩斯在《如何为战争付账》一书中提出的论点所折服。他委派两名年轻的经济学家理查德·斯通（Richard Stone）和詹姆斯·米德（James Meade），研究出了第一套现代意义上的国民经济账户和经济核算体系。1941 年，这些研究成果和英国政府预算一同发布。尽管凯恩斯没有一官半职，但他在财政部有一间办公室，在那里，他可以监督这项工作的进展以及中央统计办公室的创办。这是随后美国建立的一个全新的官方统计机构。1984 年诺贝尔经济学奖授予了斯通，以表彰其对 GDP 和国民经济核算研究所做出的贡献（此前，米德已凭借贸易理论方面的研究获得了诺贝尔经济学奖）。第二次世界大战之后，斯通的理论开始在 GDP 的定义、测量的协调和标准化方面，产生了特别大的影响。这最早是由英美两国专家之间的一次讨论引起的。1946 年 5 月，在纽约城市大学亨特学院召开了一次统计专家委员会的会议，目的是代表联合国草拟国民经济统计数据收集建议。

战争所催生的规划在第二次世界大战后的重建期间继续被所有人所重视。1947 年 6 月 5 日，时任美国国务卿的乔治·马歇尔在哈佛大学发表演讲，宣布美国将支持战后重建工作。他说：

> 除了给整个世界带来令人泄气的影响以及源于民众的绝望情绪而可能出现的动乱之外，战争给美国经济造成的后果对所有人来说都是显而易见的。合理的做法是美国应该尽其所能帮助世界经济重回健康运行状态。没有经济的良性运行，政治稳定便无从谈起，和平也无法得到保障。我们的政策不把矛头指向任何国家或主义，而是指向饥饿、贫穷、绝望和混乱。我们政策的目的在于复兴世界经济，它有助于产生自由体制赖以生存的政治和社会环境。[16]

杜鲁门政府没有辜负这一愿景，美国在 1946—1952 年提供的援助总额差不多达到了 1 480 亿美元（按 2004 年的美元价值计算）。[17] 遭受战争重创的欧洲国家严重依赖马歇尔援助计划才得以生存，并开展重建工作。在此期间，一切物品都出现了供应短缺现象。因此，追踪资源的使用情况至关重要。不久以后，联合国承担了为国民经济统计制定国际化标准的重任，这也就是现在的国民经济核算体系（SNA）。

凯恩斯的工具箱：

政府对经济增长的调控

凯恩斯在《就业、利息或货币通论》一书中，阐述了不同经济变量之间的关系。除了国民收入之外，这些变量还包括个人消费、投资和就业、利率以及政府支出。这个理论设定了政府的可用工具和经济规模之间的联系。1940 年以后，依据凯恩斯的理论，政府对经济实施了更多干预，采用财政政策（税收及支出水平）和货币政策（利率水平以及可用信贷），来实现更高且更稳定的经济增长率。

有关经济全局的统计数据刚刚出现，就开始被广泛地运用到各个领域。凯恩斯曾希望用这些数据为战时规划服务，就在战争一触即发之际，他出版了极有影响力的巨著《就业、利息和货币通论》（*The General Theory of Employment, Interest and Money*）。在这部经济学经典著作中，他本质上构建了一种能阐述不同经济变量之间关系的理论。除了国民收入以外，这些变量还包括个人消费、投资和就业、利率以及政府支出。这个理论设定了政府的可用工具和经济规模之间的联系。

1940 年以后，依据凯恩斯的理论，政府对经济实施了更多干预，采用财政政策（税收及支出水平）和货币政策（利率水平及可用信贷），来实现更高、更稳定的经济增长率。

扬·丁伯根的计量模型：调控政策如何走向精准化

基于国民经济数据形成了各式各样的计量经济学的预估“模型”，这增强了人们对经济的控制感。这方面的先驱者是荷兰经济学家扬·丁伯根，他同时也是首位诺贝尔经济奖得主。宏观经济模型涉及一系列代表某种关系的等式。在历史统计数据的基础上，运用计量经济学的方法就可以估算上述关系，进而预测未来的情况。

1946 年 4 月，凯恩斯英年早逝，其他经济学家更广泛地探索这些工具的新用途。第二次世界大战后的政策制定者们依然忍受着大萧条的创痛，他们极度推崇凯恩斯及其后继者们创立的经济理论，把它当作避免重蹈危机覆辙的法宝。关键的是，GDP 统计在这一时期发生了深刻的变化，尤其是它把政府开支统计在内，战胜了库兹涅茨提倡的以经济福利为基础的统计方法，这使得凯恩斯主义宏观经济理论成为政府管理经济的重要依据。**计量概念的变化使得政府在经济中的**

作用发生了天翻地覆的变化。GDP 统计与凯恩斯主义宏观经济政策之间产生了彼此巩固、相互增强的协同效应。自 1940 年以来，GDP 所经历的事情也同样是宏观经济学所经历的。由于存在国民经济核算的数据，这使需求管理不仅是可行的，而且是科学的。

与此同时，基于国民经济核算数据形成了各式各样的计量经济学的预估“模型”，这增强了人们对经济的控制感。这方面的先驱者是荷兰经济学家（首位诺贝尔经济学奖获得者）扬·丁伯根，他的国家几乎和英国、美国同步使用了 GDP 这个概念。宏观经济模型涉及一系列代表某种关系的等式，比如利率和投资的关系，或消费性开支和收入的关系。在历史统计数据的基础上，运用计量经济学的方法就可以估算上述关系，例如，消费者会用个人收入增量的 40% 进行消费。这些以过去的平均值进行估算的模型也可用于预测未来的情况。政府在对其政策进行一些改变时，尤其喜欢这么干，比如，增加个人所得税。举例来说，增加 100 万美元的政府支出（或减少 100 万美元的税收），会让纳税人的口袋里有更多可支配的收入，他们将把额外收入的一部分用于购买商品和服务。而这些额外的生意会让另一些人受益，他们本身会有更多的收入，反过来也会增加消费。

关键的问题是 GDP 最终会增加多少。这取决于其他一些因素：额外收入中实际用于消费而不是用于储蓄的有多少；借款需求增加会导致利率上升的幅度大小；短期内由于需求增加超过了供应所导致的通货膨胀的上升程度。用经济学家们的话来说，政府支出增加会“挤入”或“挤出”私人支出。在前一种情况下，财政乘数大于 1，在后一种情形中，财政乘数小于 1，在有些估算中它甚至是负数。财政乘数用以衡量政府支出（或税收收入）的变动对 GDP 增减的影响到底有多大。

尽管凯恩斯本人对计量经济学模型高度怀疑，但它们在更具干预性的政府经济政策中还是成了一种关键的工具。从 20 世纪 40 年代晚期开始到 20 世纪 70 年代晚期的经济危机，它们一直都非常盛行。实际上，模型的数量极速扩张，一个新的预测产业应运而生，数据资源公司（DRI）的创始人奥托·埃克斯坦（Otto Eckstin）就是这个产业的创始人之一[18]。我们现在面临着数量众多的计量经济学模型和经济预测结果，它们的发布主体包括官方机构和中央银行、投资银行、智囊机构和研究者，还有一些商业性的预测机构，比如 DRI 公司的后继者等。**的确，经济是一台由恰当的政策杠杆进行调控的机器，这种理念已经根深蒂固。它是如此的根深蒂固，以致工程师出身的经济学家比尔·菲利普斯（Bill Phillips）建造了一台真实的机器，用以展现经济中收入流的状况和政府通过**

政策增加其流量的路径。尽管这类机器有一部分现在像古董一样留在了一些大学里，但是这种“工程设计”思维依然牢牢地把控着经济政策。

计量经济学模型仍然被广泛使用着，尽管自 20 世纪 40 年代以来不断上演的悲剧已经粉碎了早先人们对精确控制的幻想。无论如何，政府都需要预测其经济干预措施和政策变动可能会产生什么样的结果。

相比先前时代的宏观经济模型，现在这些模型要复杂、精妙得多（一定程度上是因为经济已经变得更加复杂），而且重要的是，其中包含了未来预期给当前经济变量之间的关系所造成的影响。2008 年主流经济界未曾预料到的金融和经济危机突然发生了，这引发了激烈争论。汇总个体行为的方法正确吗？假设这些汇总值存在稳定的连续性是否合理？关于乘数的争论尤为激烈，因为额外的政府开支或减税措施（一种“财政刺激”）能否促进 GDP 的增长取决于它的规模。如果乘数大于 1，那么激励措施将会刺激增长，而财政紧缩政策将会阻碍增长。

政府应该运用多少“财政刺激”以促进经济更快发展？有关于此的政治辩论正甚嚣尘上。在这种背景下，宏观经济学家们总是对它的实际规模是多少而激烈争论。在对乘数规模这个技术问题的回答和他们的政治同情之间的“乘数战争”中，宏观经济学家们站队结盟，也就不足为奇了。到 2013 年年初，欧洲各国和日本的财政紧缩政策已经实施了好几年。国际货币基金组织的首席经济学家得出结论，与该组织先前的官方观点相反，危机前几年欧洲各国和日本的财政政策乘数是大幅超过 1 的，换句话说，财政紧缩政策在短期内对 GDP 的增长弊大于利。[19] 不过，该文件同时也明确指出，乘数因国家不同而不同，并随时间变化而改变（尽管估算数据通常都大于 1）。因此，伴随 GDP 和国民核算数据的创建而一同发展起来的机械化宏观经济建模方法依旧是有很大问题的。

乘数战争：

经济学家之间的博弈

额外的政府开支或者减税措施能否促进 GDP 增长，均取决于乘数的规模。如果乘数大于 1，那么激励措施就会刺激增长，而财政紧缩政策将会阻碍增长。政府应该运用多少“财政刺激”以促进经济更快发展？有关于此的政治辩论正甚嚣尘上，在这种背景下，宏观经济学家们站队结盟，也就不足为奇了。

GDP 的定义与计算

现在，我们已经清楚地认识到，为了衡量国民收入，人们已经做了很多年的努力，对它的认识也相应地经历过很多变化。正如理查德·斯通所说，国民收入不是一个“客观事实”，而是一个“经验性构想”：“为了确定收入必须建立一种理论，收入在这种理论中将会作为一个假设的概念，然后再把这种概念和一系列特定的基本事实联系在一起。”[20]

在现实世界中，并不存在等待着经济学家们去测量的 GDP。这是一个抽象的概念，经过半个世纪的国际化讨论和标准设定，它已经变得极为复杂。统计员手册已经长达数百页，而且要详细理解国民收入核算是一件极为费时费力的事情。不过，现在是时候厘清它的基本要素了。

定义：GDP 是什么

如果没有一些相关的知识储备，对 GDP 进行定义就会变得出奇的困难。因此，这一章节对于初次接触 GDP 的人来说，可能有些复杂难懂；然而对国民经济核算专家们而言，他们会认为这些太小儿科了。对 GDP 的理解过程，有点像难度逐级上升的电玩。

表 1–1　　GDP 的 3 种测量方法

I. 增加值（或生产）法	2005 年占比（%）
总产值（销售总额减去库存变动）	183.5
减去：中间投入	83.5
等于：各个产业增加值	**100.0**
II. 收入（根据类型）法	
总和：劳动者报酬	56.6
租赁收入	0.3
利润及经营者收入	17.6
生产及进口税	7.4
减去：补贴	0.5
利息，杂项支出	5.5
折旧	12.9
等于：国内收入总额	**100.0**
III. 最终需求（或支出）法	
加总：家庭最终货物及服务消费	70.0
工厂、设备及软件投资	16.7
政府货物及服务消费支出	19.0
货物及服务净出口（出口－进口）	–5.7
等于：国内产品最终销售额	**100.0**

资料来源：J. Steven Landefeld, Eugene P. Seskin, and Barbara M. Fraumeni, "Taking the Pulse of the Economy: Measuring GDP," *Journal of Economic Perspectives 22*, no. 2 (2008): 193-216.

GDP 及其各组成要素的测量体系也已经变得越来越复杂了。这既是因为其测算方法越来越复杂，又缘于经济本身的复杂程度在提高。比如，服务业在经济中所占的比重越来越大，而要测量它的产量天然地要比测量拖拉机或棉织物的产量困难。

联合国首部《国民经济核算体系指南》发布于 1953 年，这是所有国家都应遵守的。当时，它还不到 50 页，到了 2008 年，国民经济核算体系的文件已经长达 722 页。该体系深受大家欢迎的说明文件足足有 400 页。[21] 在国家统计学家的群体中，没有几个能对此充分掌握。也就是说，能够真正理解这些定期公布的 GDP 数据是如何构成的人，绝对是凤毛麟角。这其中不包括很多对 GDP 品头论足的经济学家。那么，让我们先深吸一口气，再开始接下来的几页吧。

要从这些基本要素着手，GDP 可以通过 3 种方法进行衡量，它们大体上相互等同。你可以累计所有的经济产出，可以加总所有的经济支出，或者可以计算收入总额。表 1–1 显示了上述 3 种计算方法、组成成分以及它们在 2005 年美国经济中所占的比重。

本章其余部分涉及 GDP，但在接着叙述之前，需要指出的是，经济总产出还可以由 GNP 来衡量。**GDP 计算的是一个**

国家国界范围内的经济产出。GNP 则计算一个国家所有生产单位的经济产出，有些发生在国界之外。也就是说，这两者的主要区别就在于 GNP 还包括来自国界之外的产出或收入。对于一些小国家来说（例如爱尔兰和卢森堡），两种衡量方法差别巨大。不过，对于绝大多数国家来说，差别并不大，但有些国家还是更愿意用 GNP 而不是 GDP 来进行统计。

GDP 也是一个“毛产值”，因为它并不因资产折旧而进行调整（也就是因磨损而导致的资产价值随时间下降）；如果要扣除折旧的话，得到的将是国内生产净值。在某些方面，这将会是一个更加有意思的统计（本书第 6 章将会阐述理由），但它在有关经济的日常讨论中很少被提及。

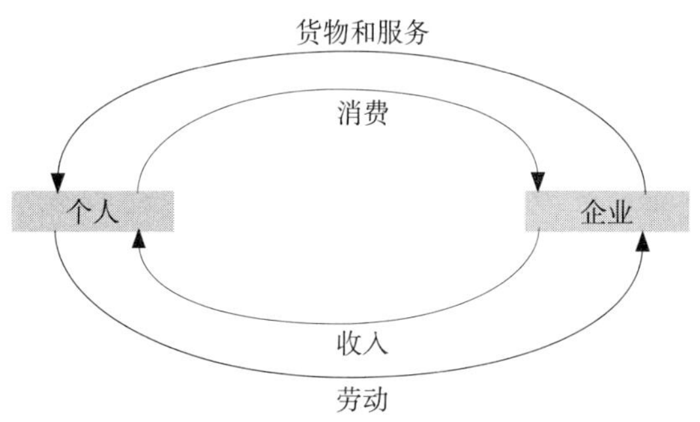

图 1–1　循环流动

让我们再回到 GDP。有时它被描述成一种听起来有些神秘的“循环流动”，正如图 1–1 中显示的那样（它被建成菲利普斯机中的管道)。

这意味着国民经济核算，就像任何核算一样，要对账目表的两边都进行合计。一个消费者的支出是一家企业的销售收入。当我们对整个经济进行合计的时候，相对应的资金流必须平衡。

支出法是报刊和电视上最为常见的 GDP 测算方法。评论家们经常谈论消费者不愿打开钱包或者企业投资意愿低迷的情况。它基于下面这个等式：

$$GDP=C+I+G+(X-M)$$

GDP 等于消费支出、投资支出、政府支出及出口之和减去进口(贸易顺差或逆差)。这是任何学习过经济学入门级课程的人都知道的。

这个概念看起来确实非常简单。GDP 就是一国经济中所有支出的总和。支出可以被划分为几大类别。按照凯恩斯的方法，支出可以分成：

- C，消费(个人或家庭)。
- I，投资(公司)。
- G，政府支出(注意，这里指的是货物及服务消费，而非福利或退休金等转移性支付)。

- (X–M),出口减去进口。[22] 其中每一分类均可再分为子类,比如食品支出、建筑投资或政府教育支出。

不过,实际的情况却非常复杂,需要对细节极为关注。比如,在实际中,消费的度量到底意味着什么?有一篇说明文章这样写道:"商品流方法开始于生产商的最终货物或服务的销售总额(或出货数量)。然后,以这个估算值为基础,统计机构加上了(a)运输费用、(b)批发和零售贸易的利润、(c)销售税以及(d)进口。接下来,它扣除(e)库存变动、(f)出口、(g)对其他企业的销售(因为这些是中间产品)以及(h)政府采购。这种方法可以产生出消费者最终支付的稳定估算。"[23]

此外,还有一些模糊的边界。例如,软件通常两年就该换代了,如果一家公司能将采购软件的费用归入"投资"的话,那么一位消费者掏钱购买一辆她将使用 10 年的车为何要被算作"消费"呢?商家的库存量的变化也会被计入其中,尽管这种变化更可能是因某些事件所引起的,而不是商家深思熟虑后做出的商业策略。支出通常还包括某些不是直接在市场上购买的服务的价值,这一般通过估算获得;那些由所有权人自己居住的住房就是典型代表。

把所有的经济产出相加（增加值法）是一种更加容易操作的方法，如表 1–1 所示，但是它同样需要在实际中对各种独立成分进行大量细心的计算。总额显然意味着累计经济中所有的产出，包括全部货物和劳务。然而，几乎每家企业都会在自己的生产中，使用其他企业的产品。因此，为了避免重复计算，必须扣除这些“中间”产品的花费，不计入最终销售中。最初，要把不同来源的数据拼凑在一起，这无疑是一个棘手的问题。但在 20 世纪 50 年代，诺贝尔经济学奖得主瓦西里·列昂季耶夫（Wassily Leontief）提出了创立投入—产出表的想法。它将追踪中间产品在经济中的销售和购买，以便计算生产的增加值。自 20 世纪 60 年代中期以来，在公布国民账户中生产方面的数据时，经常会用到这种方法。（在苏联，其中央计划机构“苏联国家计划委员会”也采用了同样的方法，它于 1959 年公布了苏联首个投入—产出表。）

瓦西里·列昂季耶夫的投入—产出表：扣除中间产品的新方式

把所有经济产出相加是计算 GDP 更简便的方法。然而，几乎每家企业都会在自己的生产中，使用其他企业的产品。因此，为了避免重复计算，必须扣除这些“中间”产品的花费，不计入最终销售中。但在 20 年代 50 年代，诺贝尔经济学奖得主瓦西里·列昂季耶夫提出了创立投入—产出表的想法。它将追踪中间产品在经济中的销售和购买，以便计算生产的增加值。

另一个重要的实用方法是根据正常的季节性波动对统计数据进行调整。消费者在第四季度会比第三季度消费更多，然而知道这点并没有什么用，因为每年的假期都意味着消费增长。我们需要弄清楚的是，今年的增长到底是大到让人吃惊，还是小得不同寻常。于是，就有了用于“季节性调整”的统计技术，它可以平滑一年中正常的波峰和波谷。经济学家们所分析的以及媒体所公布的数据，都是这类经过季节性调整后的数据。统计局获得了原始数据后，根据“正常”的季节模式进行调整。季节模式中非正常的变动，例如一个异常炎热的夏天，或者某节日正好在周四——这样大家都有了一个长周末，这会严重干扰调整过程。

在有效市场的条件下，GDP 包含的所有事项均是按照市场交易价格计算的。根据定义，政府的开销并不是一种市场行为，因此可以根据政府付给其雇员的工资来衡量雇员提供了多少服务产出，也可以根据私人购买相同服务需要支付多少，来对其进行价值估算。一种替代性的解决方法是按生产要素成本来估算 GDP。这种方法会在市场成交价之上，扣除增值税或销售税，同时加上导致价格下降的政府补贴，从而得出一个支付价格。“要素成本调节”是两种 GDP 总量之间的差距所在。

在本书前几页中已经提到，GDP 计量的是“毛产值”，这一特色表明，支出总额并没有根据磨损或折旧支出而进行调节。这不但会影响部分家庭消费，对企业的固定资产投资也会造成更大的影响。企业的这些资产在使用一段时间之后通常需要修理、维护或者更换。从 GDP 中扣除折旧估算值，就得到国内生产净值。

国民经济核算中的“核算”意味着，根据定义，经济中所有支出总和必须与所有收入总和相等；它们是按类别进行划分的。收入来自就业、自主经营、股息和利息、营业利润以及海外收入等。在实际中，由于支出和收入的数据来源完全不同且分布广泛，因此它们永远也不会完全匹配。这种数据不匹配的问题有时非常严重。美英两国均会在官方统计中公布数据不符的现象。

到目前为止，对 GDP 的度量始终是“名义”度量，也就是以美元或英镑为单位来标记总产值的数量。为给经济政策提供服务，需要对通货膨胀和“实际”增长进行区分。**名义 GDP 的增长如果只能通过通货膨胀来实现，那就是经济政策异常糟糕的一个信号；而这就是 20 世纪 70 年代中期的真实**

情况。当时许多国家的政府对油价大幅上涨手足无措，最终陷入了“滞胀”的泥淖中。在这种情况下，实际 GDP 增长缓慢或负增长而通货膨胀率却始终保持在高位。即使人民的生活水平下降，失业情况加剧，名义 GDP 依然可以保持继续增长。因此，要计算实际 GDP，统计学家们必须收集价格数据，合成物价指数，即 GDP 平减指数。

构建物价指数和计算通货膨胀率的方法多种多样。根据通货膨胀率进行调整是一项极为复杂的工作，也许是所有统计方法论问题中最具挑战性的一个，这一点儿也不令人感到奇怪。这种计算包含构成 GDP 的所有成分在基准年及下一个年度中的价格和数量，它常常根据基准年及下一个年度中每种商品在总收入中的不同比例进行加权。经济中所有货物和服务的价格都会根据它们在总销售额中的比例整合在一起。把“权重”赋予每种商品是为了反映出它在该年度经济活动中的重要性。选定某一年的此项数据为基线，并使它等于 100。计算下一年度的价格指数时，将同样的权重给予当年和下一年之间每种价格的增量。得到的结果将会是 102.5 或 104.3（如果数字小于 100，那么价格水平就已经下降）。用下一年的名义 GDP 除以当年的价格指数，就可以得出以基准年的美元或英镑水平所衡量的实际 GDP。

我希望上述内容听上去比较简单明了。但是很可惜，这一公式有几十种不同的计算方法，每一种都会得出不同的结果。[24]因此，尽管我们真的希望能够根据通货膨胀率进行调整，以衡量出真实的经济增长状况，但技术选择会导致迥然不同的“真实”。

非洲穷吗

你可能会觉得，这是一个容易回答的问题，因为在西方人心里，“非洲”和“贫穷”是两个紧密相连的概念。然而，它实际上比表面上看起来难回答多了，而且这还说明了，在构建 GDP 统计数据时，本书已经简要述及的那些可怕的专业技术为什么会如此重要。再问得明确些，加纳是否是一个穷国？援助组织以世界银行设定的人均 GDP 作为确定“低收入”或“中等收入”国家的门槛，而这又会决定一个国家能获得何种援助或低息贷款。直到 2010 年 11 月，加纳仍然被认定为“低收入”国家，也就是说，是一个穷国。但是，在 2010 年 11 月 5 日到 6 日间，它的 GDP 一夜之间增长了 60%，这让它正式成为“中低收入”国家。现实情况没有发生变化，GDP 统计数据却变了。这主要是因为该国统计机构更新了价格指数计算权重，结果使得实际 GDP 也相应地产生了变化。该国自 1993 年以来第一次出现这种情况。

尼日利亚、乌干达、坦桑尼亚、肯尼亚、马拉维和赞比亚等国家也做过同样的事情。尼日利亚是非洲最大的经济体之一，一项关于它的预测认为，如果将移动通信和诺莱坞（Nollywood）电影等蓬勃发展的产业计入在内，尼日利亚2014年的GDP就将一举增长40%。如果这样，该国的GDP规模就接近于南非了。[25] 当这些国家在2014年年初的某个时候报告测算结果时，很可能它们的实际GDP数据是被低估了，低估程度与加纳类似。因此，非洲作为一个整体也许并不像我们一直认为的那样穷，尽管它肯定不像英国或美国那样富庶。

经济结构随着时间的推移经常会发生相当显著的变化，如果坚持使用旧权重，就会形成误差。在很多非洲、亚洲和拉丁美洲的经济体中，GDP的计算并不考虑诸如全球化或发达国家的移动通信革命等现象。捐助者一直都在资助贫穷国家改进实际GDP的计算方法，其中的一项就是21世纪统计促进发展伙伴关系（PARIS21）。不过，该计划中改进的适应期延迟到了2020年，有的国家还超过了这一期限。[26] 它们在基本统计数据的收集方面，往往存在着根本性的缺陷。国内存在什么企业？它们出售什么商品或服务？居民愿意把收入消费在哪些货物和服务上？为收集上述信息而开展的调查非常有限。事实上，最近的一项研究表明，在经济学家们经常用来进行国际性比较研究的数据库中，75 个国家里有 24 个根本没有价格调查的数据。[27] 有些国家使用的计算权重自 1968 年以来就没有变过，只有 10 个撒哈拉沙漠以南的非洲国家使用的权重是 10 年内更新的。[28] 基于多年以前的权重测算出来的 GDP，在更新权重后，其估算值都会有较大的向上修正空间。这将深刻地改变人们对此类经济体的特点、弱点或优势的看法。有一项估算显示，20 年来，撒哈拉以南非洲国家的经济增长速度比“官方”统计数据显示的要快 3 倍。[29]

由于这个原因，现在发达国家的国民经济核算，在大多数情况下使用一种“连锁加权”的物价指数来计算实际 GDP。它意味着将单项价格合并成一个指数的权重是逐年稳步变化的。显然，如果不这样做的话，就像刚刚描述的那样，基准年设定的权重都将越来越偏离实际的经济模式。这种方法的主要好处在于，GDP 的“实际”成分相加不再等于总额：C + I + G +（X－M）=GDP 的等式，不再适用于连锁加权扣除通货膨胀因素后的数字。（这是因为有些价格及由此引起的权重大幅变化时，总会留下剩余，这个剩余数字常常是小的，但也未必总是小的。）

连锁加权同时也展现出了整体经济的不同方面，其作用正如重新设置基线。例如，历史上的 GDP 统计，如安格斯 · 麦迪森为经济合作与发展组织（OECD）开发的那些，尚未使用连锁权重进行重新计算。如果这样做，就会改变公认的国际发展模式。**麦迪森指出：“要接受新的方法来衡量 1950 年之前的经济，就需要对美国历史进行一次重大的重新解读。”它将显示，1914 年美国的生产力低于英国，1929 年美国的经济增长和 GDP 水平远低于英国。[30] 这显然与经济史学家们的共识相左，会产生严重的后果。因为这些人对经济增长动力的解释与经济政策制定紧密相关。如果人们对 19 世纪和 20 世纪经济的“真实”情况理解错误的话，现有经济政策的根基就不存在了。**就像发展中国家的情况那样，改变物价指数的计算方法，就会呈现出一种不同的增长模式。如何才能最好地计算物价指数，这看上去是一个技术问题，但实际上有着深刻的内涵。简而言之，人们对技术的选择，甚至能够完全改变经济发展的整体面貌。

硅谷的统计难题

硅谷曾令官方统计人员非常头疼。一台笔记本电脑的价格也许只是稍微下降了一些，但是你需要为单位计算能力所付的价格却绝对是一落千丈。其他的产品和服务，比如照相机、移动电话或因特网接入，也面临同样的情况。这也是一个非常棘手的问题，它与某些种类的商品价格通胀有关。商品价格上涨有时反映的是其质量的改进，考虑不到这一点，就会导致实际 GDP 被低估。很多年来，这个问题都被忽视了。但是，自 20 世纪 90 年代中期以来，计算机和消费性电子产品的改进速度快得令人咋舌，从而使这个问题大得再也无法被掩盖起来。在美国，波斯金委员会（Boskin Commission）对这个问题进行了调查。1996 年，该委员会公布的一份报告认为，由于没有考虑生产率提高这个因素，导致 1995 年的通货膨胀率被高估了 1.3%（从而也导致了经济实际增长被低估），这其中的主要原因就是新产品的出现和产品质量的提高。[31] **后来，绝大多数国家的官方统计人员逐渐采用了一种叫作“特征价格”的测量方法来计算此种货物和服务的价格指数。这种方法需要掌握为商品实际所支付的价格数据，计算它们与所购商品的各种质量特征有何关联。**这也是 GDP 统计中又一个复杂的问题。本书最后一章将会再次述及此问题。

不列颠有惊无险的 1976

正如本书第 3 章所讨论的那样，20 世纪 70 年代，对于经济发展（以及时尚业和美发业）来说，是可怕的 10 年。增长低速，通货膨胀率高企。英国的情况尤其糟糕，贸易逆差不断扩大，相对于其 GDP，已经达到了无法确定这个国家是否还有足够的外汇来为进口付账。人们对金融市场丧失了信心，英镑大幅贬值。财政大臣丹尼士·希利（Denis Healey）准备前往华盛顿进行访问，当他正在去机场的路上时，戏剧性的事情发生了。他不得不返回去，召开一场记者招待会，宣布英国正在向国际货币基金组织申请一笔紧急贷款。其条件是英国政府的财政赤字占 GDP 的比重必须被削减。工党政府为此大幅削减了公共开支。3 年后，撒切尔夫人的保守党政府就上台了。一段时间以后，无论是借款数据还是 GDP 数据都得到了修正，并显示出“危机”实际上并没有那么糟糕。希利后来在反思危机时说：“如果我们当时已经有了正确的数据，那就不需要去贷款了。”[32] 有谁能知道，如果其前任掌权者没有被迫向国际货币基金组织求援的话，撒切尔夫人还能不能赢得竞选的胜利？

统计人员总是面临着要及时提供数据的压力，因此，早期的时候，关于前一季度的 GDP 数据，总是需要在更多的数据来源出现以后进行修正。政策制定者总是在绞尽脑汁地考虑应该采取的措施，以应对经济周期，而前期数据的修正会让他们觉得自己所耗费的心血没有任何价值。**虽然经济学家们非常怀疑通过调节税收、支出或利率来对经济进行“微调”的做法，在 20 世纪 70 年代这种方法曾经出错并造成了可怕的经历，但是，政治家和央行行长们依然面临着巨大的压力，必须在经济衰退期间想方设法促进 GDP 增长。**2008 年金融危机爆发后，经济增长乏力持续了好几年，当时就是这样的一个时期。即使 GDP 的一次季度性下降，比如 0.2%，可以在几个星期之后随着新的估算数据的出现，而轻易地被修正为零或者正增长，但是知道这一点丝毫不会降低人们对政府应该采取行动的期待。

在构建 GDP 统计数据的一大堆实际而严重的困难中，这还不是最后一个。如何在实际中收集所有的统计数据，也是一个难题。需要用到的单独数据来源非常广泛，它包括大规模经济调查，比如美国经济分析局 5 年一度的经济普查，也包括由贸易机构收集的或在抽样企业对官方调查问卷的答复中出现的特定商品生产月度数据，还包括统计部门的价格取样、纳税申报单及其他更多数据。像这样实际的问题还有很多。其中之一就是，想收集到经济中服务业的测量数据总是存在困难，而这部分现在是 GDP 的主要部分。从企业中收集信息的标准调查，对服务业的情况涉及得并不多。另一个例子，是很难掌握购买习惯的变化动态。消费者的购物场所已经逐渐从当地商店转向大型商场，包括提供折扣的超级卖场，连商家也会在那里采购物资。现在，消费场所正在向互联网转移。第三个例子，是估算递延股票期权收入的价值，它曾经在总薪酬里占比较小，而现在却非常大。

因此，实际的 GDP 数据，就产生于对大量统计数据的拼接，以及对原始数据进行加工使其适应概念框架的一系列复杂程序。

生产的边界

似乎所有这些还不够，关于 GDP 的定义还存在一些重要的概念性问题，其中的一些将在本书后面的章节中继续探讨。多年来，GDP 的定义一直在不断演变，其中的一些问题总会引起统计专家们激烈的争论。

正如前文所提到的，GDP 绝大部分的构成都是按市场价格计算的私营部门的产出或支出。然而，仍有相当部分的产出并没有进入市场。这方面最典型的例子就是，政府所做的一切事情。这需要通过许多其他方法进行估价，比如付给政府雇员的工资。政府支出中的某些部分应该被扣除掉，因为它包含中间产品。为了避免重复计算，家具生产商购买钉子的支出应该被扣除，同样，政府用于垃圾处理或消防服务的那部分支出也应该被扣除，因为它们是最终产出的中间投入。然而，现实中却并没有这样做，这主要是因为厘清最终的公众服务和中间的公众服务在实践中是不可能做到的。

其他非市场交易的项目还包括房产所有者从自己的房子

里获得的价值。由于他们不用支付房租，所以统计员们需要根据市场租金把价值“归于”它。不过，产出中有些没有进行市场交易的部分，例如没有计酬的家务劳动，由于测量难度过大而没有被计算价值。**这会导致一种悖论（本书将在第 5 章再次探讨这个问题），即一个鳏夫和他的女管家结婚，然后不再向她支付工资，这会减少 GDP。**

此类决定涉及所谓的“生产的边界”：什么被认为是经济产出？政府支出和家庭劳务（例如打扫卫生和自家种植的蔬菜）就是两大明显的模糊地带。经济合作与发展组织的手册解释说:“支持在 GDP 中包含政府提供的服务是一种普遍共识。尽管这些服务没有出售，但它们在国民账户中被计入产出（增加值），称为政府产出的非市场服务。它的增加值非常可观，在 GDP 中的占比为 15% 到 20% 不等，依所涉及不同的经济合作与发展组织成员国而有所变化。”[33] 然而，正如我们所发现的那样，这种“普遍共识”也是相对较新的事物。

与这种普遍共识旗鼓相当的另一种共识认为，家庭劳务不应被计入。尽管计入这种劳务的价值（见本书第 6 章的论述）可能会使 GDP 的估算值增加 50%，大大超过政府服务对 GDP 的贡献规模。

还有一个更大的问题，涉及“自营性”生产。要烹饪饭菜，一个家庭要决定是自己种植蔬菜,还是去购买。企业需要决定,像零件或者薪资服务供应,是去购买呢,还是自给自足。如果它们选择自己生产,那么这些零件和服务的价值就不会被计入 GDP,它们会在生产过程中被消耗完。然而,如果企业选择外包物资及服务供应,那么这些零件和服务将会被计入 GDP 所衡量的产出里。由于这个原因,国家统计人员把增加值作为重点,这种测量方法不依赖于企业自身的生产组织方式。增加值是企业通过使用中间产品及服务所增加的新价值。增加值等同于产出(销售加上库存变化)减去支出。

除此之外,什么时候所购物品应该被算作中间产品,而什么时候又必须被算作与之相对的投资支出,这中间的界限并不总是清晰的。**2008 年之前,国民经济核算对企业研发支出的对待方式,就等同于其在购入原材料或雇用保洁工人方面的支出,也就是说,是作为一种中间产品,无法算作最终产品。这种情况已经开始改变,今后研发支出有望被视作投资。**这种分类的变化已经在理论上被应用于软件支出中(自 1993 年以来),GDP 数据因此上调了 1% 到 4%,依国家不同而有所差异,但它在实际中却很难实施,因为很多企业并不将软件开支当作一种投资。

经济中还有最后一个领域,它带来了巨大的统计困难,这就是金融服务业。本书第 5 章将返回此问题进行更加深入的探讨。金融危机已经提出了一些问题，对金融服务业统计数据的处理是否正确：金融服务业对经济所做的贡献是否正如我们在 2008 年前设想的那样？

最后，也是首要的，是我们必须承认，GDP 不是用来衡量福利水平的，认识到这一点非常重要。它众所周知地肯定了律师服务及其他“公害”的价值。同样,为重建被卡特里娜、桑迪飓风或洪灾毁坏的桥梁和房屋所做的工作，其价值也得到了肯定。GDP 衡量产出，但它不衡量福利。在展开这段简短历史的同时，本书还将对此问题进行更多的探究。

GDP

A BRIEF

AFFECTIONATE

HISTORY

BUT

02 经济刺激

GDP 的狂飙

(1945—1975)

凯恩斯理论的横空出世，使得政府在经济中起了至关重要的作用。通过扩大支出或减税的措施，政府像掌握了某种魔法，可以不断刺激 GDP 一路向上。在这段日子里，几乎所有的资本主义国家都取得了经济的飞速发展。对于刚刚从战争废墟中走出来的大众而言，就像步入了通往天堂的阶梯。

让我们继续讲述第二次世界大战之后 GDP 的历史。战争带来了太多的毁灭性后果。直到 1945 年第二次世界大战完全结束，这场浩劫给人类生命和财产造成了极为惨重的损失。战败国付出的代价尤其沉重，城市、工厂、桥梁、道路和家园都在战争的最后阶段化为废墟。德国、日本、西班牙和意大利在战争结束时，都是一副国家破败和经济崩溃的惨状。尽管英国和法国是战胜国，但情况也好不了多少，它们向美国借了巨额的债务。第一次世界大战后，战胜国决定让战败的德国向它们进行巨额的损失赔偿。这些赔偿金的支付是一项极为繁重的负担，导致德国在 20 世纪 20 到 30 年代陷入了政治和经济动荡，这给希特勒的上台创造了条件。这种情况在 1919 年 6 月，甚至在《凡尔赛条约》上的签字墨迹刚刚干透的时候，就已经可以预见了，因为这个条约确定了对德国的惩罚性财务条款。凯恩斯在使自己名噪一时的小册子《和平的经济后果》（*The Economic Consequences of Peace*）里，直言不讳地谴责了这个条约。“这个条约里，找不到任何有助于欧洲经济复原的条款。”他提出了这样的警告。[1]

当目睹了德国及其同党连养活自己国民的能力都没有时，第二次世界大战的战胜国利用马歇尔援助计划选择了一条更加文明的道路。为了不让历史在另一个 20 年里重蹈覆辙，一些国际性机构被建立起来，比如欧盟和欧洲经济合作组织（OEEC）。后者就是经济合作与发展组织的前身。这些组织在当时，就和后来一样，扮演着成员国经济智囊团的角色。这些机构最先从西欧经济体开始，后来日本以及更多国家纷纷加入，因为它们已经达到了“发达”经济体的标准。在管理马歇尔援助基金的同时，欧洲经济合作组织还承担了为成员国收集国民经济核算数据，并进行比较的任务。今天，一些国际机构会为世界上所有国家公布 GDP 的排名情况，其中最突出的是世界银行。这些数据应该能让我们回答诸如此类的问题：中国的经济规模已经超过美国了吗？加纳是不是一个穷国？然而，正如前文已经指出的那样，这些问题的答案可能并不像你认为的那样清晰。

不过，实际 GDP 的增长是一国经济运行情况中最为重要的一个测量基准。在第二次世界大战刚刚结束的那几年里，它的重要性尤为突出。在这一段时间内，马歇尔计划究竟起作用了吗？

它不仅产生了作用，而且还带来了高增长、低通胀的 30 年。各国政府似乎都能巧妙地管理经济，很多国家还得以继续实施它们在战争动员的那几年里已经开始的规划。失业情况也不算糟糕。不管是英国的住房短缺，还是战争结束后需要持续多年的食品配给，尽管存在很多显而易见的问题，都无法动摇现代消费社会逐渐步入繁荣时代的大趋势。这个时期，在英语国家的经济体中有时被称为战后黄金时代。在法语里，它是 les Trentes Glorieuses。就像对任何黄金时代一样，有些人在回望这段时期的时候总是带着喜欢和眷恋，而且还会好奇，为什么我们现在不能重回那个时期，那时 GDP 似乎听命于政府经济政策的制定者。

凯恩斯的遗产，第二次世界大战后的经济繁荣

令人不快的灾难会产生一种后果，那就是它会直接促进 GDP 的增长，这似乎令人颇感意外。GDP 并不衡量一个国家的资产或资产负债表，只统计收入、支出和生产的逐年变动状况。不管是自然灾害还是人为灾难，人们为了恢复和更替

它们所造成的损害的活动都将促进 GDP 增长。这种模式恰好出现在第二次世界大战之后。表 2–1 反映的是第二次世界大战结束后相比在此之后的 25 年内，欧洲经济合作组织成员国的实际 GDP 增长率。

表 2–1　　实际 GDP 年增长率（%）

国家	1950—1973	1973—1998
美国	3.93	2.99
英国	2.93	2.00
法国	5.05	2.10
德国	5.68	1.76
日本	4.61	4.96

资料来源：Amgis, addospm. The World Economy: A Millennial Perspective（Paris: Organization for Economic Cooperation and Pevelopment. 2000）

在更近的比较中，经济合作与发展组织成员国按实际价值计算的年均增长率在 2005 年以前平均为 2.5%，而这在最近的经济历史中被视为一个繁荣时期。

尽管荣枯循环的经济周期再次出现，GDP 在 20 世纪 50 年代、60 年代和 70 年代早期的增长率仍然持续超过了以往时期。在美国，1950—1973 年 GDP 的年均增长率约为 4%，而在两次世界大战之间它的年增长率不到 3%。英国战后 GDP 的增长率为 2.93%，而在 1913 年到 1950 年之间它的年增长率则刚刚超过 1%。[2]

这 30 年的繁荣，解释起来并不容易。1969 年，费伦克·雅诺西（Ferenc Janossy）提出了一种假说，认为第二次世界大战后的经济刚刚恢复到第一次世界大战前的趋势，当它赶上那个趋势后，增长将再度放缓。后来，这个结论果真应验了。[3] **然而，绝大多数经济学家倾向于不那么具有宿命论色彩的解释，他们认为长时期增长的背后存在两方面的推动力。一方面是可用资源的增加（被称作"生产要素"），主要是劳动力和资本，而且对可用资源利用水平也提升了；另一方面是生产率的提高。**这两大推动力都促进了黄金时代的经济增长。劳动者受教育水平的持续提升也非常重要。与此同时，一系列新技术不断涌现并得到了更广泛的应用。其中有一些是军事创新的成果，包括合成橡胶和塑料等材料，还包括航空旅行、电子计算机首次引入民用领域、无线电通信技术的进步以及很多其他创新成果。1963 年，哈罗德·威尔逊即将成为英国首相，他激动地谈到了科学技术革命的"白热化"程度，新发明大量而急速地进入了人们的日常生活。

或许同样重要的，还有生活消费品可用性的稳定提高，消费性支出的有效循环，生活消费品产量的增长，就业的增加和收入的上升。拥有富裕的消费群体也是不可或缺的。他们能花费大笔收入用于消费，这能孕育出一个繁荣的消费品市场。亨利·福特早就对此明察秋毫，他自 1915 年起开始“为大众生产汽车”。

大众消费主义现象在第二次世界大战后活跃起来。大量产品稳步普及到了越来越多的家庭中，到了 20 世纪 70 年代，它们几乎无处不在：汽车、收音机、冰箱、洗衣机、电视机、照相机、剪草机、电话等，可以列出长长的一份名单。非耐用品也紧随其后：时尚、音乐、伊丽莎白·大卫、后来的茱莉亚儿童食谱以及朋友间的晚餐派对。青少年群体被构造出来了。现在绝大多数人都有上述所有这些东西，过了几十年后再度回首时，人们会惊异地发现消费主义是多么新近的事物。例如，直到 1950 年，只有 75% 的美国家庭拥有一台洗衣机，而欧洲直到 1970 年才达到这个水准；直到 1960 年，汽车在美国人口中的普及率才达到 3/4；20 世纪 70 年代，英国或法国只有一半的家庭拥有一部电话，同期美国家庭的电话拥有率是 94% 左右，而欧洲国家直到 20 世纪 90 年代后期才达到这样的普及程度。随着一些更新的技术的出现，消费品的普及速度加快了：绝大多数西方人拥有移动电话只用了 10 年时间，而能随时随地上网的智能手机的普及速度则更快。

马歇尔援助计划，国家经济核算体系的标准化

1957 年 7 月，英国首相哈罗德·麦克米伦（Harold Macmillan）在他的竞选标语中说："绝大部分国民都从未有过那么好的政府。"后来情势急转直下，这句话成了众矢之的。但他说的并没有错。英国民众当时的生活到达了历史上的最高水平，人们可以用上各种新的产品，失业率和通货膨胀率也处于低位。人们对战争仍然记忆犹新，因此，这一说法的正确性是不证自明的。然而，德国的情况是怎样的呢，还有在第二次世界大战时长期被占领的法国又如何？甚至在 20 世纪 50 年代繁荣一时的英国，不也在战胜之后陷入了无序状态吗？因为战争使其背上了巨额的债务包袱，而且为了应对战争，英国被迫让整个经济围着军工生产转，而不是开展正常的投资。

在美国，不同的比较引起了人们的关注。艾森豪威尔领导下的美国正享受着一个比欧洲国家更加蓬勃的消费繁荣时代，其标志性事件有，20 世纪 50 年代出现了历史上首张信用卡——大莱卡，商业电视广告进入《广告狂人》时代的前奏已经响起。第二次世界大战已经让位于冷战，美国同苏联及其各自盟友之间的军备竞赛如火如荼。美国和整个西方世界面临的挑战不仅存在于意识形态领域，还存在于军队、坦克和核武器等军事能力方面。西方消费主义与苏联的工业和技

术形成了对峙局面。[4]

苏联实行中央计划经济，而不是市场经济。莫斯科的政府部门会设定经济中所有物品的生产总数，并为不同行业和个体工厂确定具体的生产任务量。借助于后见之明，我们得以看清，认为官僚机构可能对一个巨大的、复杂的经济体有足够详细的了解，并能集中对其进行成功的规划，这种看法是多么的荒唐可笑。在 20 世纪 50 年代早期，经济状况要比现在简单得多，因此这种荒唐性体现得并不明显。美国真正感受到苏联的威慑，是在苏联赢得太空竞赛第一阶段的胜利之后。1961 年，苏联飞行员尤里·加加林成为人类历史上首个进入太空并绕地球飞行的人。

哪个国家胜出，美国还是苏联？要对任何经济体进行比较，都需要一个标准的尺度。很明显，我们可以用 GDP 作为一个指标。**1940 年以前，许多国家计算国民收入时，所使用的定义和调节手段各不相同。战争刚刚结束，美国和英国率先使用新兴的 GDP 和国民经济核算框架来协调、促进了经济测量方法的标准化。**它们是通过联合国进行这项工作的。1947 年，联合国发布了一个技术报告，介绍了相关测量的方法，包含更多细节的附录由英国财政部的理查德·斯通撰写。欧洲经济合作组织紧随其后，于 1951 年和 1952 年发布了指南，特别针对马歇尔援助的分配方法。之后，联合国于 1953 年发布了第一个官方国民经济核算体系（缩写为 SNA53）。冷战另一方的国家也纷纷仿效，于 1969 年公布了自己的国家会计标准：物质产品平衡表体系（MPS69）。正如本书第一章中提到的那样，这个标准有一个显著的不同，因为只有有形商品才能被计值，而服务则被排除在外，但在其他方面，它具有与 GDP 类似的核算框架。

多年以来，越来越多的国家已经开始收集并产生了国民经济核算的统计数据，其复杂性和细致程度不断提升。正如弗里茨·博斯（Frits Bos）所说："然而，各国公布的国民经济核算的统计数据在范围、细节、质量和频率方面仍然存在很多差异。"[5] 在实际中，只有一部分统计员和经济学家关心细节问题。就国际性组织而言，主要是为富国提供数据的经济合作与发展组织，以及服务所有其他国家的世界银行和国际货币基金组织，都会尽可能确保统计数据的可比性。这些数据被很多经济学家用来比较不同国家经济的运行状况。

布雷顿森林体系坍塌，购买力平价转换系数

然而，就算是关于原始数据收集和建立国民经济核算体系的所有细节性问题都已经得到处理，还存在另一个重要的障碍。英镑和法郎如何与美元比较？显而易见的回答就是使用

当时两国货币间通行的汇率。

购买力平价转换系数

它利用经济中所有的价格数据，来调整实际汇率，使其能更真实地反映生活水平。在国际比较表格中，这些转换系数被用于将每个国家的 GDP 转换成以购买力平价为基础、以美元为单位的可比较的数据。基于这种以表面价值测算的 GDP 所进行的比较，会使得世界贫困程度和收入分配状况看上去要比实际情况更加鼓舞人心。

这个看似显而易见的回答有点太过简单了。直到 1973 年开始，很多种货币的汇率才由国际外汇市场的供求状况确定（有些国家至今仍然没有）。1973 年以前，布雷顿森林体系在国际金融中处于主导地位，美元和英镑之间的汇率是固定的。在第二次世界大战期间是 4 美元多兑 1 英镑，随后降至 2.8 美元兑 1 英镑，再后来是 2.4 美元兑 1 英镑。假设美国人可以用更低的价格购买某种商品，比如汽车，而英国人却还要支付高价来购买。在汇率可以调节的情况下，物价上涨更快的国家，其货币相对于低通货膨胀率的国家的货币而言，将会贬值或走弱。如果汇率无法调节，GDP 从英镑换算为美元时，就会夸大高通货膨胀率的英国的购买力。最后，保持固定利率被证明压力太大，像英镑这样疲软的货币时常面临官方贬值的情况。布雷顿森林体系崩溃以后，多种货币的汇率在外汇市场中具有了相称的位置。不过，这意味着它们会受制于突发性的剧烈波动。这种波动通常与经济基本面的变化没有联系，而与金融市场的变动有关。

有一个更棘手的问题，它关系到这样一个事实，那就是任何一个国家的产出中只有部分是用来交易的。产出中的绝大部分，仅仅是以服务和产品的形式在本国出售。其中包括种类众多的消费，例如餐饮、理发、零售、供水、教育、殡葬、娱乐等。在贫穷的国家里，此类服务的价格按西方标准来衡量通常是非常低的，对此，每个通过旅行而亲身经历过这种对比的人都清楚。用外汇市场上的汇率（取决于两国之间的贸易状况）来换算 GDP（其中当然包括所有非贸易物品）具有误导性，而且对于那些仅将国民产出中的一小部分用于贸易的低收入国家来说可能影响更大。我们需要一个转换系数，它能考虑到当顾及非贸易商品和服务时，购买力的实质性差异。

随着统计员和经济学家们于 20 世纪 50 和 60 年代开始为越来越多的国家构建 GDP 统计，这个问题不久就迎刃而解了。解决之道就是建立“购买力平价”（PPP）转换系数，它利用经济中所有的价格数据，来调整实际汇率，使其能更真实地反映生活水平。在国际比较表格中，这些数据被用于将每个国家的 GDP 转换成以购买力平价为基础、以美元为单位的可比较的数据。

购买力平价的构想可以追溯到 20 世纪早期，科林·克拉克（Colin Clark）于 1940 年最先进行了购买力平价转换系数的计算。随着战后国民经济核算的发展，这方面的工作进一步得以推进。1954 年，在米尔顿·吉尔伯特（Milton Gilbert）和欧文·克拉维斯（Irving Kravis）的研究基础上，欧洲经济合作组织首次发布了购买力平价调整后的 GDP 数据。克拉维斯试图将购买力平价转换系数拓展至其他国家，并于 1968 年创立了国际比较项目。随后，他与同事艾伦·赫斯顿（Alan Heston）和罗伯特·萨默斯（Robert Summers）于 1978 年创建佩恩表（Penn World Tables）。这种表格构成的世界 GDP 数据库后来被经济学家们广泛用来比较不同国家的增长率和宏观经济运行情况。它被认为是一种重要的统计资源，最早由联合国管理，现在由世界银行维护并在国际比较项目中发布。

然而，经济学家们不假思索地使用购买力平价系数，这种做法也引起了争议。**相对于将每个国家的 GDP 按照现行市场汇率转换为一种货币，通过购买力平价转换系数所进行的比较会提升低收入国家 GDP 的相对水平，在这些国家里，非贸**

易货物和服务价格便宜。然而，这其实正是设计购买力平价法的意义所在。不过，很多评论者认为，购买力平价换算最终导致了穷国的收入被夸大。最近的研究证实，购买力平价法低估了不同国家生活水平的差异。[6]

然而，贫穷国家的政府关心的是，导致该国 GDP 水平（表面上）增加的任何调整，会降低该国获取世界银行援助及低息贷款的可能性。用购买力平价换算的 GDP 来代表国家经济水平，比用汇率换算的 GDP 或用人均 GDP 来代表国家经济水平，会降低该国对经济援助的需求程度。这是很重要的：这方面的一个例子，就是有些国家曾要求世界银行调低本国人均 GDP 的估算数据，使其低于获取优惠贷款的阈值水平。[7]

对于那些用于计算购买力平价转换系数的价格调查，有些经济学家和社会科学家提出了质疑。为比较 GDP 而做出必要的调整，这在富裕国家是一回事儿，因为那些国家都设有官方统计办公室，负责价格数据的收集，供本国政府使用；然而，这在穷困国家却是另一回事儿，因为那些国家的统计数据质量通常都比较低。

很多对购买力平价换算颇有微词的人认为，在这个过程中存在一种意识形态偏见，尽管它有时候完全是无意识的。基于购买力平价这种以表面价值测算的 GDP 所进行的比较，会使得世界贫困程度和收入分配状况看上去要比实际情况更加鼓舞人心。如果贫困程度急剧下降，就像比较所显示的那样，国与国之间的不平等不仅没有扩大而且还可能缩小，那么我们就没有理由担心国际贸易和投资的全球化进程。这是 20 世纪 90 年代和 21 世纪头 10 年世界经济的热门口号。然而，这涉及一个非常根本的问题：世界上最穷的国家是否已经不那么穷了？从某种程度上说，这个问题的答案可以很容易地从中国的很多城市中看出来，它们的生活水平均发生了显著变化。中国很大一部分的城市人口的生活水平确实有了显著的提升，其程度足以影响全球格局。不过，除此以外，答案的确取决于不同国家的 GDP 如何转换成相同的基础。

关于统计的争论产生了巨大的实质性后果：购买力平价被广泛用于衡量和比较世界各国的生活水平和经济运行情况，构成了几乎所有着眼于各国如何成长的经济研究的基础。它们也决定了各国政府及国际机构的政策选择。

要了解这些问题，我们需要回到最基本的问题，那就是购买力平价转换系数是如何被计算出来的。首先，要从基础价格数据中构建转换系数，方法稍有不同。每个国家可以分别计算相对于美元的购买力平价转换系数，或者同时计算所有的转换系数。在后一种情况下，你可以选择在计算中给予每个国家相同的权重，或者根据其规模分别给予不同的权重。你也可以决定是否进行比调整价格指数更加复杂的操作，以便弄清楚一个根本性的问题，即如何对不同国家的真实生活水平进行比较。目前使用最广泛的购买力平价转换系数包含不同的权重，这些权重被应用于根据不同国家的家庭调查所得出的国民价格指数上，它们被称为国际元。

这种传统的方法是基于什么样的原因而遭到挑战的？这其中既有实际层面的原因以及技术层面的原因。

在第一种情况下，问题就在于低收入国家的价格调查究竟衡量的是什么。购买力平价转换系数是以大规模的国际调查为基础的，用来为不同国家的价格设定基准。最近的几次价格调查分别进行于 1985 年（60 个国家参与）、1993 年（110 个国家参与）以及 2005 年（143 个国家参与）。中国政府没有参加前两次的调查，因此统计人员根据规模较小的调查所得到的信息进行了猜测。印度政府拒绝参加 1993 年的调查，因此该数据是根据 1985 年的调查结果推测出来的。由此我们可以得出一个安全的结论，即 1985 和 1993 年的购买力平价调整存在一定幅度的偏差，以此为基础进行的比较也是有偏差的。[8] 中国和印度都参加了 2005 年的调查，这使得该调查得以覆盖全球 95% 的人口。

有一个实际的问题，涉及每个国家提供的数据的质量，很多缺口需要估算数据进行填补。然而，撇开这个问题，根据对中国的调查，世界银行在 2007 年做出了调整，对按照购买力平价计算的该国实际 GDP 的估算值，大幅降低了 40%。世界银行声称新的估算更好："这是中国第一次参加国际比较项目。以往的估算值都是经过推测得来的……这些推测没有把随着时间而出现的结构变化和价格上涨因素考虑进去。"但是，经济学家瑟吉特·巴拉（Surjit Bhalla）指出，根据 2005 年的调查结果，很多国家的估算数据都有了巨大的变化。"比起中国的 40% 的向下调整，21 个国家的 GDP 数据呈现出更加消极的变化（降势），其中包括人口大国中的加纳（–52%）、尼泊尔（–44%）、孟加拉国（–44%）、菲律宾（–43%）以及乌干达（–42%）。印度的 GDP 下降 36%，"他补充道，"对于经济合作与发展组织成员国而言，亚洲之外的大部分国家不存在实质性的差异。"[9]

购买力平价换算面临很多质疑，这不足为奇。基于调查数据形成的价格指数，通常被用来调节汇率，并将它们转化为购买力平价转换系数，这是技术层面最关切的问题。我们要利用原始数据来回答这样的问题："一个国家的平均支出需要提高多少，才能使该国的一般民众享有与更加富裕国家的一般民众同样的生活水平？"这个问题不是用常规方法可以解决的。经济学家尼古拉斯·奥尔顿（Nicholas Oulton）曾采用世界银行在其国际比较项目中所使用的相同的数据，来计算（采用计量经济技术）他所谓的“真正的购买力平价”。其结果显示：“最穷国家的现有生活水平，大概仅为使用世界银行购买力平价估算数据的一半。”[10]

因此，为了便于比较，必须将两个国家的GDP转换至相同的基础上，这个技术层面的问题必须引起足够的重视。传统的、依靠各种权重构造的指数来做调整的购买力平价法与“真正的购买力平价”的方法相比，其结果可能存在非常大的差异。作为实际例子，我们可以比较一下美国和刚果民主共和国（DRC）的人均GDP。2005年，以汇率进行的转换显示，一位刚果居民的人均GDP需要乘以397，才能达到一位普通美国居民的福利或生活水平。按照世界银行标准的购买力平价换算，这个乘数是236；按照其他传统的购买力平价调整方法，这个乘数在190和248之间；而按照真正的购买力平价，这个乘数在380和502之间。众所周知，刚果是一个绝对的贫穷国家，它迎头赶上富裕国家生活水准的任何一点迹象，都是我们愿意看到的。究竟有多长的路要走尚不清楚，尽管这也许并不重要，因为我们已经从其他证据中了解到了两国相对的生活水平。

GDP 的替代性方法就像起初创立 GDP 统计一样，国际比较项目和比较不同国家都包含大型统计数据库，来自各种源头、具有不同质量和时效性的数据在其中被拼接在一起。因此，对它们进行操作处理在技术上要求高，难度大。毫无疑问，经济学家们将会继续使用世界银行以购买力平价换算的 GDP 数据及其方法论。在这方面，几乎没有人具有专业知识或者时间去进行其他的尝试。这些比较也的确提供了有用的信息。不过，我们也不能忘记，这种信息还存在巨大的不确定性。

GDP 大比较，探索国家经济发展模式

经济学家们已经搞清楚了自 1945 年以来 GDP 增长的各种国际模式。我们很容易依靠后见之明套用这些成果来描述原始材料被整合成可比较信息的过程。但是，甚至到 20 世纪 70 年代中期，也仅仅只有少数国家，才具有可比较的、根据购买力平价进行调整的 GDP 数据。20 世纪 50 年代，关于增长的经济理论还处于发展的早期阶段，这样的数据仅在少数最发达国家才有。关于经济如何增长以及经济发展的产生过程等问题，罗伊·哈罗德（Roy Harrod）、埃弗塞·多马（Evsey Domar）、罗伯特·索洛（Robert Solow）、保罗·罗森斯坦 - 罗丹（Paul Rosenstein-Rodan）等经济学家在 20 世纪 50 年代提出了初步理论，但几乎没有提供可用来证明其理论的实证性

证据。

虽然现代的经济学家喜欢用高深的数学来阐述这些理论，但它们本身其实是很简单的，这毫不令人感到奇怪。直到 20 世纪 80 年代，索洛的经济增长模型依然是基本的主流理论。这一理论认为，经济总产出的增长取决于所投入的生产要素的增长，这包括土地、原材料、劳动力和资本。除此之外，它还与未经解释的剩余或残留有关，这些剩余或残留被称作“技术进步”。当此理论被用于实际的 GDP 数据时，却产生了令其很尴尬的结果，因为研究显示，第二次世界大战后的 GDP 增长在很大程度上必须通过“技术进步”来“解释”,也就是说，通过这个理论中没有做出经济解释的那部分来解释。技术进步在这个理论中，被视作来自天堂的天赐之物。企业投资扩大生产规模，从而形成了新的资本。随着劳动适龄人口的增加，以及这个增长模型优化后考虑到的劳动者受教育程度和劳动技能的提升，劳动力获得增长。上述两项均对增长作出了贡献，但是“技术”却能解释更多。

这些简单的理论看上去很有道理，比较符合人们对最近的全球 GDP 增长的经验。第二次世界大战后的几十年里，欧洲经济合作组织 / 经济合作与发展组织成员国的增长模式，清楚地显示了那些被战争摧毁的好战国家的戏剧性赶超，以及英国（尽管它的增长速度后来也被视为黄金时代的现象）的相对衰退。

索洛的经济增长模型

索洛的理论认为，经济总产出的增长取决于所投入的生产要素的增长，这包括土地、原材料、劳动力和资本。除此之外，它还与未经解释的剩余和残留有关，这些剩余和残留被称作“技术进步”。当此理论被用于实际的 GDP 数据时，却产生了令其很尴尬的结果。因为研究显示，第二世界大战后的 GDP 增长在很大程度上必须通过“技术进步”来“解释”，也就是说，通过这个理论中没有作出解释的那部分来解释。

美国的冷战对手苏联令人大失所望的增长还需要等到几十年以后才会显露出来。苏联没有可靠的统计数据。每个工厂厂长都有强烈的动机，有时甚至伴随着强烈的恐惧感，来上报好看的成绩，最起码要和中央计划部门设定的目标一致。莫斯科的确给苏联经济中的每一种产品设定了具体的生产数量，中央的目标下达到苏联国内的每一家工厂和每一座农场。这些生产目标是粗线条的，比如制作出多少双鞋，炼出多少吨不同类型的钢铁。欺骗行为时有发生。举个例子，工厂为了上报出货重量，有时会在电视内放置一块砖头，以便达到目标。

数量目标意味着质量好坏无关紧要。然而最后，即便是在官方的统计中，苏联经济也是增长疲弱，而且居民的生活水平与西方国家居民之间存在着深深的鸿沟。

对于那些以市场为主导的经济体中，索洛模型可以通过生产要素投入的增加，来解释国家之间经济表现的广泛差异。通过援助支持的投资增长，马歇尔计划成功实现了自身的目标，即把曾经敌对的和极度贫困的国家转变为和平的、繁荣的贸易伙伴。美国的马歇尔计划依然是曾经付诸实施的政治手段中，最具远见的一个。第二次世界大战后的经济复兴又促进了它的发展，从而构成了一个投资、技术发明和经济增长的良性循环。经济学家们很自信，认为利用国民经济核算中开发出来的循环流动机制，他们知道如何使用政府支出和税收来管理 GDP。然而，黄金时代好景不长。

GDP

A BRIEF

AFFECTIONATE

HISTORY

BUT

03 停滞泥潭

增长乏力时代的反思

(1976—1994)

进入20世纪70年代以后，政府的刺激措施开始失效。任何扩大开支的措施均直接转化为通货膨胀，而实际GDP却止步不前。在此背景下，反思GDP的局限性开始成为经济学中的一股思潮。

当悲伤来临的时候，不是单个来的，而是成群结队的。

——威廉·莎士比亚《哈姆雷特》

第二次世界大战后的经济繁荣终于走到了尽头，西方资本主义开始步履维艰，困境重重。20 世纪 70 年代，传统经济的思维方式开始面临四大挑战，它们反映出全球经济中一些令人不安的动态。

第一种挑战来自经济强劲增长和物价稳定的良性循环转变为令人大失所望的经济低增长甚至衰退（当时 GDP 增长率持续下降，而正常情况下这种情况只会持续 6 个月），并伴有高企且加速的通货膨胀率。这种令人深恶痛绝的现象还有一个难听的名字叫滞胀。传统的经济管理手段似乎只会把情况变得更糟而不是更好。毫无疑问，当时似乎找不到能把通货膨胀率控制到可以容忍的程度，却不带来严重经济衰退的办法。

当石油输出国家组织于 1973 年及 1975 年两次大幅提高石油价格时，经济衰退便不可避免地发生了。

第二大挑战来自高强度的冷战。我们现在倾向于认为它在 20 世纪 50 年代达到了顶峰。当时麦卡锡主义导致保守派居于主流地位。朝鲜战争的爆发，更是刺激了疯狂的“确保同归于尽的理论”得到了发展。然而，冷战又持续了 20 多年而热度不减，这令人大为失望。尽管内部持不同政见者都清楚苏联的经济是失败的，但因为后者总是公布虚假的统计数据，这使得又过了 10 年西方人才认识到苏联经济体制造成的灾难性后果。

第三个挑战来自环保运动的风起云涌。1972 年，《增长的极限》（*The Limits to Growth*）一书出版了。这本影响深远的书描绘了一幅惨淡的图景，显示经济发展和人口增长所带来的灾难性后果。它提出了一种直觉式的很有吸引力的观点：GDP 年复一年地增长，很快就会达到可用自然资源的极限。它预言道，几乎所有的矿产和能源储备将于 2070 年被消耗殆尽。“可持续性”的理念开始大举进入经济政策的辩论中。最悲观的环境预言并没有成为现实，因为这些末日论者忽视了价格变化和创新会给资源利用带来的影响。不过，20 世纪 70 年代的环境保护运动还是留下了一份永久的遗产，那就是人们认识到了人类必须在环境目标和经济目标之间做出权衡和取舍。

最后，20 世纪 70 年代，绝大多数贫穷的发展中国家摆脱殖民统治已经长达 10 到 20 年之久了，这些国家的政府已经获得了数以百万美元（或卢布，如果它们属于苏联阵营的话）计的海外援助。然而，发展经济学家对经济增长机制的理解过于自信，现实很快证明他们错了。导致经济发展状况恶化的因素很多，其中包括通过代理人在前殖民地的领土上进行的冷战和当地横行的政府腐败。可是，关于发展究竟意味着什么？这个问题，出现了一种更加精细的理解，它取代了 GDP 的简单机制及其成分，成为关注的焦点。预期寿命、儿童死亡率、受教育权以及电力、通信的可获得性等，转而成为关注的重点，换句话说，是福利而不是产出得到了更多的关注。这也对 GDP 的主导地位构成了持久的挑战。

要解释清楚所有的因果关系是不可能的，因为传统的经济结构所面临的这四大挑战，在 20 世纪 70 年代同时达到了高潮。它们共同导致了自 20 世纪 30 年代的大萧条以来直至最近的一次大规模国际金融危机爆发之前，最深重的一次资本主义危机。

“滞胀”袭来，渐行渐远的经济刺激政策

1968 年是一个标志性的年份。在美国、法国和捷克斯洛伐克，年轻人开始在大街上袭击警察或军人。解放运动在世界各地风起云涌。然而，在现代社会，革命活动的爆发原因，不是贫穷，不是绝望，而是令人舒适的繁荣。逃学、向防爆警察投掷石头、躲避催泪弹，这是只有年轻人才沉溺其中的一种享受。这些年轻人只要想找工作，就不愁找不着。同样，也只有在一个经济繁荣的社会里，人们才有经济实力来尝试毒品、自由恋爱、个人解放和自我发现。1968 年，经济已经以绝对超常的速度增长了 25 年。

GDP 数据显示了变化的幅度：自 1950 年开始，西方人的生活水平增长了近 3 倍。[1] 因此，失业率降至历史新低。每一个需要工作的人，都能有工作。一个人就可以养得起一家人，工作相当稳定，收入很不错，而且还有稳定的养老金。1970 年，经济合作与发展组织成员国的失业率为 0.5% ~ 4%（对比 2012 年，瑞士的失业率是 4%，而希腊和西班牙的失业率是 25%）。

然而，要了解第二次世界大战后 GDP 增长的真正影响，仅仅靠统计数据是不够的。自 1945 年至 20 世纪 60 年代晚期，世界上出现的新事物包括：对于之前致命性的、能使人个体

慢慢衰竭的疾病，例如天花和小儿麻痹症，人们研制出了新的治疗方法，这绝对是令人激动不已的大事件；著名的避孕药出现了；人们可以消费得起民用航空旅行，外国假日消费热潮初露端倪；彩色电视机、电话和现代化的家用电器开始走进千家万户；人造纤维制成了服装；还有维可牢搭扣和尼龙长袜，也在这一时期出现。甚至连看起来最微不足道的一点进步，也大大增进了消费者的福利。例如，1940 年 5 月 15 日，仅仅在销售的第一天，杜邦公司就售出了大约 80 万双尼龙长袜，截至这一年的最后一天，总共销售的尼龙长袜达到了 6 400 万双。可是，到了第二年，由于尼龙丝被用到了军工生产中，尼龙长袜的供给就大大萎缩，女性消费者对此非常不满。[2]

在这一时期，科学和技术方面的发明逐渐被应用到了日常生活中，从而产生了极其重大的意义。也许下面这个例子可以更好地说明这种意义。1928 年，亚历山大·弗莱明（Alexander Fleming）在实验室里首次发现了青霉素。随后的医学实验跨越了整个 20 世纪 30 年代。1942 年，默克公司的首批救命用的抗生素，（宝贵的 5.5 克，美国库存的一半），被用在了一位链球菌导致的败血症患者身上。1950 年，抗生素进入了大规模生产，价格跌至 4 美分一剂，等于一加仑牛奶价格的 1/16。[3] 重要的不仅在于创新的大量涌现，还在于有那么多人消费得起。经济史学家戴维·兰德斯（David Landes）指出，世界上曾经最富有的人内森·梅尔·罗斯柴尔德（Nathan Meyer Rothschild），就因为没有治疗感染的抗生素而死于1836年。[4]

这就是 GDP 增长所包含的内容。

那么，到 20 世纪 60 年代末的时候，究竟出现了什么问题，导致学生在街上向警察扔石头和燃烧弹，工人罢工，供电中断，居民囤积粮食？

正如生活中经常出现的那样，失败的种子往往就扎根于成功的本质当中。在某种程度上说，当时的经济增长太快了。需求管理的工具太有吸引力了，只要经济处于周期性低迷，就被用来提振经济。降息和政府额外支出（或减税）经常被用来遏制经济衰退，以便将就业率保持在较高水平。在政要和其他官员的头脑中，经济的模型就像一台机器，跟菲利普斯机一样，后者使国民经济核算中的收入循环流动可以用物质形式展现出来（见第 1 章）。第二次世界大战后经济的强劲增长证实了他们的这种自信是有价值的。不过，他们却忽视了这样一个事实，那就是 GDP 的增长其实是可以通过设计来实现的。政策杠杆在其中居功至伟，起码在短期内是这样的。

GDP 的定义是围绕凯恩斯提出的经济运行模式而构建的。而且，由于人性和政治使然，需求管理工具在经济处于周期性繁荣时被反向运用的情况更加罕见，直到所有的迹象都表明经济危机出现了。人们习惯了经济增长时的生活经历，而且对找到工作总是非常自信。他们盼望工资年年涨，尤其是在通货膨胀率高企时这种愿望就更加强烈。在有工会组织的国家和行业里，工会按照应该履行的职责行事，为其成员争取更高的工资。在有些国家里，比如英国，激烈的斗争不仅出现在工会与工会之间，还出现在政府和雇员之间。暴力性罢工往往导致食物短缺，比如面包师的罢工导致面包供应不足，街上的垃圾堆积如山，断电现象频频出现。只要经济中的需求强劲，雇主就没有理由不同意薪资要求，因为他们可以通过提高价格来把劳动力成本的增加转嫁到消费者身上，而这又反过来刺激了更多的薪资要求。

于是，由信心、投资和 GDP 增长构成的良性循环转向了由加薪、价格上涨预期以及经济增长放缓或衰退构成的恶性循环。1973 年石油输出国组织宣布提高油价，这引起了其他商品价格也大幅上涨，最终共同导致了滞胀的出现。复合算法的作用意味着平均增长率放缓所造成的影响可以快速地积累。如果以年增长率 4% 计（20 世纪 60 年代美国的平均增长水平），那么 17 年后 GDP 将会翻倍；如果以年均 3% 计，那么 24 年以后 GDP 将会翻倍；如果以年均 2% 计，那么 35 年以后才会翻倍。因此，在 20 世纪 70 年代里，年均增长率下降 1%，它所产生的影响很快就会被感觉到。

GDP思想库　菲利普斯曲线

菲利普斯发现，通货膨胀率和失业率之间存在着一种负相关关系。它看似是一种稳定的经济规律，政策制定者可以加以利用，就像他们在确定政府支出和税收时运用乘数一样。失业率和通货膨胀率之间的组合关系是可以选择的。很多国家的政府，特别是在竞选前夕，很自然地愿意容忍更高一些的通货膨胀率，以便降低失业率。

西方国家经济状况的突然转向，可以由一种关系来总结，经济学家们称之为菲利普斯曲线。这是根据它的发明者经济学家比尔·菲利普斯命名的。除了建造著名的机器之外，菲利普斯还注意到，在 1861 年至 1957 年间英国的经济统计数据中，通货膨胀和失业率之间存在着一种负相关关系。[5] 这个经验事实被证明同样存在于其他国家。它看似是一种稳定的经济规律，政策制定者可以加以利用，就像他们在确定政府支出和税收时运用乘数一样。失业率和通货膨胀率之间的组合关系是可以选择的。很多国家的政府，特别是在竞选前夕，很自然地愿意容忍更高一些的通货膨胀率，以便降低失业率。尽管选民并不喜欢通货膨胀，因为这会降低他们的消费能力，但是以通货膨胀率小幅上升的代价换取更多的工作岗位，还是很有吸引力的。不过，比较麻烦的情况是，政府一旦开始就失业率和通货膨胀率应该在哪个点上进行取舍时，这种取舍就变得越来越糟。

20 世纪 70 年代末期，经济学家们得出结论，沿着菲利普斯曲线进行移动，唯一具有的持续效果就是通货膨胀率上升，而失业率将会回到开始时的状态。他们断定，存在一个“自然”失业率，它取决于企业有什么样的动机来雇用额外的劳动力。[6]通过赤字财政来使失业率降至自然失业率以下，就会导致通货膨胀。

20 世纪 70 年代惨淡的经济状况，为经济思想领域的革命做了准备，也为政治革命铺平了道路。在经济理论方面，调节政府预算赤字这种简单的凯恩斯主义式需求管理方法不再令人信服。相反，新的共识是政府应该集中精力创造一种良好的商业环境，比如降低并稳定税赋，放宽对就业市场的管制。英国采取了国有企业私有化的新政策，很多国家纷纷仿效。为了控制通货膨胀，中央银行必须限制货币供应，不过，这种新共识的达成尚需时日。

20 世纪 70 年代，经济学界对宏观经济政策产生了严重的分歧。1975 年，英国通胀率达到 24%，而实际 GDP 却没有增长。与此同时，其财政赤字余额一飞冲天，这使得国际货币基金组织不得不在次年提供紧急资金援助，就像它后来援助希腊和冰岛那样。这是有史以来第一次，作为世界主要工业经济体之一的国家需要去请求这种类型的紧急援助。美国的情况也好不了多少，在整整 10 年里，美国政府一直处在沉重的财政压力之下，它需要为越战和冷战的军备竞赛付账。1975 年，美国的 GDP 下降而通货膨胀率却暴升到 10% 以上。几乎所有的经济合作与发展组织成员国都面临着滞胀问题，对于解决之道，这一代经济学家第一次丧失了信心。

几乎每个时代，都存在政治上的分歧，然而，随着时间流逝，人们很容易忘记早期分歧的核心所在。1989 年 11 月，柏林墙倒塌，标志着苏联及其经济体系突如其来的、出人意料的全面崩溃。现在，人们很容易想当然地认为，这些事件是不可避免的。然而在事前，人们并不是这样看待这件事的。甚至在撒切尔夫人和罗纳德·里根分别在 1979 年和 1981 年赢得竞选时，人们也不会这样想；可以确定地说，在 20 世纪 70 年代这种想法很有些天方夜谭的味道。当时连研究数据的情报界的专家分析师，也意识不到苏联当时的经济产出数据究竟在多大程度上是伪造的。数据伪造现象曾在这些国家的经济中大规模泛滥。规划部门给每家工厂设定了产出指标。这些指标通过数量得以体现：多少台电视机，多少双袜子，有的甚至直接用重量当生产指标。这样的目标是容易实现的。鞋子生产成什么样子，是不是耐穿，穿起来舒不舒服，有没有适合大多数顾客穿的尺码，样式跟不跟得上潮流？这些都没有关系。电视机半年以后还能不能用，背板会不会常常脱落？也都不重要。再加上在重工业、军事和面子工程上的资金投入，这个雄心勃勃的经济计划因而交出了惊艳的产出增长统计数据。这些数据其实是物质生产净值，而不是 GDP（在苏联解体的时候，物质生产净值约等于 GDP 的 3/4。）

当时，根据苏联的官方统计数据，其国民产出增长率要高于西方国家：20 世纪 70 年代前 5 年，它的年增长率为 5.7%，后 5 年它的增长率为年均 4.3%，这都要低于其 60 年代公布的增长率。[7] 由于西方人很少到苏联阵营的国家旅游，因此没有多少人体会过那些国家里明显偏低的生活水平。在当时各种流传甚广的信息中，存在着一种奇怪的心理脱节现象。东欧国家的人民很推崇西方消费文明最显眼的标志：牛仔裤和流行音乐，但人们并没有试着透过这种现象去搞清楚东欧国家的真实经济状况。或许，解释存在于资本主义经济的新危机中。

向国际货币基金组织求助，就像英国所做的那样，在这种背景下西方人很难有什么必胜的信心。

相反，左右翼之间的分裂在 20 世纪 70 年代愈发激烈。10 年前由个人主义激发起的解放运动不断走向激进，而且还常常伴有暴力行为。革命政治成为流行时尚：当时最畅销的宣传海报是标志性的红黑色切·格瓦拉的形象，它是很多学生墙的装饰品。学者们扎进了马克思主义批判理论的研究领域，而这在当今大学系科里已经难觅踪迹。有组织劳工变得比以前激进得多，罢工次数越来越多，就连在不那么激进的美国也是如此。在除了美国以外的 15 个工业国家里，每个工人由于罢工而损失的工作日天数在 20 世纪 60 年代是 1 641 天，在 70 年代是 2 586 天，在 80 年代是 1632 天，而在 90 年代仅为 658 天。[8] 这些情况促成了里根和撒切尔夫人上台，并引发了后续的政策调整，其中包括对罢工权利的严格限制。当然，这些都是后话了。总之，在这 10 年里，资本主义制度看起来似乎已经崩溃了。

增长的极限，资源与环境的隐忧

从太空看地球，人类历史上，最难忘、最美丽的形象之一，就是我们生存的这个蓝色星球。第一张这样的照片是宇航员威廉·安德斯（William Anders）1968 年在阿波罗 8 号中拍摄的。它带给我们的新视角能否触发一种责任感，来好好照管这个星球呢？也许它确实产生了作用。

在 1945—1970 年间，通胀调整后的世界 GDP 增长了 3 倍。同期，世界人口从 25 亿增长到了 40 亿。尽管增长很大程度上局限于富国“俱乐部”，但人们的生活水平的确是有了显著的提高。在 20 世纪 70 年代，这样的国家有 22 个（现今，经济合作与发展组织国家总数已达到 34 个）。经济发展对环境以及整个地球造成的影响，开始引发了人们的关注，这是史无前例的。

这种关注在一定程度上是由地方性事件所引发的。例如，1962 年，蕾切尔·卡森（Rachel Carson）的著作《寂静的春天》（*Silent Spring*）在美国出版，该书反映了杀虫剂的使用对鸟类产生的危害，被誉为环境保护运动的早期种子之一。1969 年，美国俄亥俄州北部的凯霍加河着火，刺激了大量环保措施的出现，其中包括 1972 年美国政府颁布的《清洁水法》（*Clean Water Act*，后来发生于 20 世纪 70 年代的爱河事件说明这项法令效果有限）。不过，在西方其他国家也出现了关注全球环境的新潮流，而且视野更加广阔。从太空看地球，给了我们一个全新的、生动的视角。或许，是繁荣本身为人类创造了反思发展后果的机会。归根到底，只有在收入远高于食物、住房和衣物支出时，而且多到可以让人拥有足够的闲暇时光，并有机会进行阅读和辩论时，人们才能超越谋生的艰辛，去操心别的事情。

保罗·埃利希（Paul Ehrlich）在《人口炸弹》一书中，对纯粹的数字增长和人口扩张导致的资源过耗，发起了猛烈的攻击。该书做出了人类最终将面临末日灾难的悲观预言，一举轰动了 1968 年的出版界。不过，埃利希后来在他和马里兰大学经济学家朱利安·西蒙（Julian Simon）的一场赌局中输了。1980 年，西蒙和埃利希打赌说，他指定的任何 5 种商品的价格，将在 10 年后下降（按一般通货膨胀率进行调整）。**西蒙所依赖的是经济学家的推理，即如果某物因为需求压力增长而变得稀缺，它相对任何其他商品的价格将会提升，这会鼓励人们减少对它的使用并找到替代品。**因此，组合运用通过价格进行的定量配给和创新，将会提供一种自动的市场机制来纠正短缺问题。埃利希选择了 5 种金属，他觉得很快它们就会消耗完，因此价格也会涨得更快。然而，他错了！10 年末时，这些金属的价格都下跌了。

这个著名的例子展示了两种分析方法的鲜明对比，现在很多关于经济增长是否必定会破坏环境的争论也具有这样的特征。认为 GDP 的增长势必会危害环境的人，倾向于根据现有的不利趋势进行推论。而朱利安·西蒙那样的经济学家相信，当不利趋势发展到一定程度的时候，人们的行为就会通过自我修正进行改变，正如他们对价格信号所做出的反应那样。要给两个半世纪的现代经济发展对全球环境造成的影响绘制一张资产负债表，显然是一项艰难的任务，因为从大气构成、生物多样性、环境污染再到资源利用等，经济发展对环境的许多方面都产生了深刻的影响。本书第 6 章将会再次探讨 GDP 中是否具有足够好的指标，可以衡量发展的可持续性。

埃利希和西蒙那场赌局的后续结果如何将在未来见分晓。《增长的极限》和其他有影响力的著作所反映出来的人们对环境可持续性的新兴趣，本身也是有限的。20 世纪 70 年代出现的经济危机，意味着政策制定者在实际中对新环保运动的关注并不多。环保运动是激进和左翼政治中的一股势力，几乎等同于另一种类型的身份政治。油价的大幅增长，导致了工业生产彻底转向更节约能源的方式：采用隔热效果更佳的施工方法，偏向生产更多的可再生型的能源。此外，相比环境所承受的难以确定的影响，选民更感兴趣的是让 GDP 重回发展轨道。空气净化法规和更多节能型汽车缓释了大多数人对环境问题的担忧，而经济发展则意味着更多的工作机会和生活水平的提高。

然而，经济可持续发展的理念就诞生于 20 世纪 70 年代，而且它的重要性越来越突出。这是因为多个维度的环境质量数据已经被纳入了经济统计数据之中，成为衡量人类活动和福祉的重要指标。

人类发展指数，衡量进步的新指标

20 世纪 70 年代初，与经济合作与发展组织国家不同，世界上其他地方的人均 GDP 自 1945 年以来就没有实现过如此大的增长。当然，国家和国家的命运也各不相同。日本经济从战争的致命打击中迅猛反弹，当时以麦克阿瑟将军为首的占领军当局，在方方面面都影响着日本社会。日本在大规模生产（最初时）价廉物美的消费型电子产品方面尤其成功。20 世纪 60 年代的“日本制造”所具有的光环就如同 20 世纪 90 年代的“中国制造”。1964 年，日本加入了经济合作与发展组织，并进而打造出了复杂的、高质量的、优于西方国家的工业体系。现在，就制造业实力而言，只有德国才能与日本相匹敌。

20 世纪 70 年代后，其他一些贫穷国家也仿效了类似的发展路径。在欧洲，处于低收入边缘的国家，首先是意大利，然后是爱尔兰和葡萄牙，最后是希腊，开始迈上追赶高收入核心国家的漫长的征途。（国际金融危机过后，这种追赶有多么真实、会持续多久，仍是一个悬而未决的问题)。另一些东亚国家也创造了所谓的经济奇迹，其中最突出的是韩国。经济合作与发展组织成员国名单，从原欧洲经济合作组织的 18 个国家扩展到了现如今的 34 个国家。

世界上很多国家，并没有经历过我们视之为理所应当的那种经济发展。2011 年，按照世界银行的分类，高收入的经济合作与发展组织成员国的人均 GDP 为 41 225 美元，而低收入国家仅为 569 美元(均已按购买力平价率进行转换)。不过，人均 GDP 水平是比较贫富差距的最佳方法吗？这个问题已经变得越来越有分量，因为几十年来，发展中国家都花了大力气来推动 GDP 增长。估算富裕国家的纳税人付给低收入国家的发展援助，是一件吃力不讨好的事情，但这个数目是以万亿美元计的。通过国际性非政府组织进行的扶贫私人捐助也是一个大数目。然而，撒哈拉以南的非洲地区，其 GDP 在第二次世界大战后的大部分时间里都没有得到快速增长，贫困现象仍然非常普遍。

巴基斯坦经济学家马赫布卜·乌尔·哈克(Mahbub Ul Haq)曾于 20 世纪 70 年代和 80 年代供职于世界银行，后来(担任巴基斯坦财政部长一段时间后)又到联合国工作，他提出了一种衡量贫困和福利的替代性方法。他创立了人类发展指数（HDI），旨在衡量能力而不是收入。诺贝尔经济学奖得主阿马蒂亚·森提出了一个震惊发展经济学界的观点。他认为饥荒与收入和贫困毫无关联，相反，饥荒总是发生在政府不响应人民需求的时候。缺乏足够独立的报纸和广播媒体，就缺乏敢于挑战和批判政府决策的声音，这种情况下很容易发生饥荒。

森进而提出，尽管人均收入很重要，但是它不如能力那样能够全面地衡量民众的福利。[9]这些能力包括收入或者资源掌控，也包括一些变量，例如健康、教育、妇女自由以及对电力和道路等关键技术的获得权。[10]人类发展指数将衡量这些分项指标，并把它们组合起来构成一个单一的排名。联合国开发计划署会每年公布该排名。有一些国家经常会处于或接近榜首，如澳大利亚、新西兰、美国、加拿大、荷兰以及其他斯堪的纳维亚国家。与此类似，一些冲突四起或缺乏出海口的国家则处于榜单末尾，比如刚果、尼日尔、乍得和布隆迪。然而，在这个指数中，人均 GDP 并不意味着一切。笔者的祖国是英国，属于高人均 GDP 的国家，但在这个人类发展指数的排名中，位次却接近希腊或斯洛伐克这种人均 GDP 低得多的国家。

GDP 和人类发展指数构成成分之间存在一种正相关关系。

因为富裕的国家能负担得起更好的医疗保健，能让孩子接受更多的教育……反过来而言，更健康和受过更好教育的人，也能为经济发展贡献得更多。因此，良性循环对于发展的巨大效应可以在这项数据中显露出来。不过，人均 GDP 的水平和人类发展之间的相关性并不是十全十美的，因为它们所衡量的对象是不同的。**GDP 衡量的是产出和收入，尽管将它们转换成实际的统计数据存在很多困难，但它们的概念是清楚的。而人类发展指数是一项福利指标**。我们以后会接触到更新的 GDP 替代性方法，因此需要记住这种差别。具有讽刺意味的是，那些极力主张对发达国家使用另一种方法来替代 GDP 的人，在涉及发展中国家的时候，对于衡量收入和贫困的关注超过了其他任何对象。

阿马蒂亚·森的贫困理论

阿马蒂亚·森认为饥荒与收入和贫穷毫无关联，相反，饥荒总是发生在政府不响应人们需求的时候。森进而指出，尽管人均收入很重要，但是它不如能力那样能够全面地衡量人们的福利。这些能力包括收入或者资源掌控，也包括一些变量，比如健康、教育、妇女自由以及对电力和道路等关键技术的获得权。

人均 GDP 和人类发展指数之间的差别，的确会影响人们如何评估对发展中国家进行的援助，这些援助涉及的金额数。在提升受援国的 GDP 方面，发达国家所取得的成果一直都是令人失望的。全世界最穷国家和最富国家的人均收入的差距在过去的半个世纪里直线飙升。不过，在很多其他的方面，特别是人类发展指数包含的那些指标里，我们听到了好消息。尽管艾滋病 / 艾滋病毒蔓延的阴影笼罩着撒哈拉以南的非洲地区，富国和穷国在预期寿命和婴儿死亡率方面的差距也已经大大缩小。贫穷国家的受教育状况也得到了显著改善。尽管不同技术的利用状况参差不齐，但在有些领域还是取得了很大的进步：2.466 亿印度家庭中有 47% 依然没有室内厕所，也没有干净的自来水，但是他们中有 63% 可以使用移动电话。这为他们找工作提供了便利，或者能让他们的产品在市场上卖出更好的价钱。全世界人口预期寿命的变化正在趋同，甚至在低收入国家里，现在的预期寿命也达到了 70 岁。全球婴儿死亡率都在下降，而穷国下降的速度比富国更快。[11]

当然，这种理念有些过于超前了，它主要是为了获得一种前瞻思维。不过，值得强调的是人类发展指数背后的思考正在动摇 GDP 的机制及其管理办法。传统的思维方法已经在前一个 10 年的滞胀中失效，也在当时常常被称作第三世界的地方失灵，因为投入其中的援助显然没有起到促进发展和增加 GDP 的作用。与此同时，第二次世界大战后的经济繁荣却具有内在脆弱性，甚至在全世界很多地区都无法实现，而且 GDP 增长的环境代价正在引发更多的关注。

GDP

A BRIEF

AFFECTIONATE

HISTORY

BUT

04 重获生机

技术革命引爆生产率

(1995—2005)

里根－撒切尔式改革，扭转了全球经济的颓势。然而，各国的增长速度并不一致，特别是发展中国家。通过对比世界各国 GDP 的增速，来探究经济发展的奥秘，日益成为经济领域的显学。

20世纪70年代的资本主义危机，在政客和知识分子中，都引发了反对黄金时代惯例的运动，这似乎不足为奇。美国和英国的“里根－撒切尔革命”就是最显著的例子。里根和撒切尔的政策议题中都包含了限制劳工组织的权力，解除经济管制以促进商业发展，以及国有企业和其他资产（包括英国将地方政府的住房出售给租户）私有化等内容。政府开支及税率的升降，不再被视为管理经济发展速度的手段。这种手段带来的只是短期效果，而代价却是造成长期的、更高的通货膨胀率和投资的萎缩。**要持久地促进发展并改善收入水平，必须提高经济“供给侧”的效率，减少不必要的监管对其造成的束缚。这种政策选择菜单反映在了一种新出现的经济共识中。这种共识不重视积极财政政策**

的范围，而是强调中央银行在稳定货币中的作用。菲利普斯曲线的交替关系已随时间而恶化，这种认识再加上滞胀的经历，清楚地说明了关于经济作为一个整体是如何运行的问题，经济学家们需要改变既有的观点。

聚焦供给侧：

“里根－撒切尔革命”的新经济共识

政府开支和税率的升降，不再被视为管理经济发展的手段。要持久地促进发展并改善收入水平，必须提高经济“供给侧”的效率，减少不必要的监管对其造成的束缚。这种政策选择菜单反映在了一种新出现的经济共识中。这种共识不重视积极财政政策的范围，而是强调中央银行在稳定货币中的作用。

在一个相对较短的时期里，经济学家之间两极分化的状况就突然改变了，而这曾是动荡的 20 世纪 70 年代的典型标志。凯恩斯学派和货币学派各占半壁江山的情况，迅速变成货币主义一统天下的格局。因为我们所有的错误，经济学家们开始更注重证据了。然而，直到最近，这些证据仍不足以支撑他们关于经济是如何发展的观点。能提供 GDP 数据的国家数目增长缓慢，直到 1985 年才达到 60 个。这其中，大多数国家所提供的数据的质量令人担忧。只有极少数国家真正拥有

20 世纪 50 年代中期之前的 GDP 数据。就连那些收集某类国民收入统计数据已经很长时间的国家，也没有前后一致的数据序列，因为它们的定义已经发生了很大的变化。60 个国家 30 年的年度数据，对于验证经济发展模型而言也是杯水车薪，尤其是在一年的数据与前一年很类似的情况下（因为 GDP 及其构成前后变化并不大，其标准的变化幅度为每年 1%~3%）。

技术元素，重新构造 GDP 增长理论

即便如此，当越来越多的国家有了 GDP 统计数据后，经济发展理论就在索洛模型的基础上得到了改善。这一模型对于技术重要性且未加解释的作用非常重视。**自 20 世纪 80 年代开始，出现了一批新的发展模型，它们能够解释“技术”是如何产生的，而不再将它当作一种神秘的“黑匣子”。在这些“内生性增长”理论中，技术进步和 GDP 增长之间形成了一种良性循环，因为更快的增长能够支撑更多的投资和创新。**“技术”是人们头脑中的想法，是教育和技艺上的理念，也是设备和产品中的创意。理解那些衡量教育水准和创新水平的变量的重要性，比如商业中的专利授予，就可以确定它们对于解释不同国家之间增长率的差异所起到的作用。

这种基于第二次世界大战后的统计数据的实证工作，通过历史研究得以加强，这些研究采用的是众多国家自公元 1000

年以来的 GDP 数据。经济史学家安格斯·麦迪森曾就职于荷兰的格罗宁根大学。他主导的卓越的国际比较项目承担了一项艰巨的任务，即在广泛的历史资料中查找构建 GDP 所需的全部原始统计数据，根据现代的定义，逆着历史之流追溯。麦迪森于 2010 年去世，在他的专业领域之外，名气并不大。然而，毫不夸张地说，他所创立的数据库是现今经济学家不可或缺的资源,对于研究宏观经济和发展问题更是如此。毕竟，新技术要经过很多年，才能从实验室或研讨会中的聪明想法转变成为商业上可行的产品，并获得广泛应用。根据经济史学家保罗·戴维（Paul David）的说法，这通常需要耗时 50 年或更久。他以电动马达为例，这项技术改造了工厂，使得流水线生产成为可能。尽管电力史上至关重要的发明可以追溯到 19 世纪 70 年代，但直到 20 世纪 20 年代，大多数的美国工厂才用上了电力。[1]

没有长期的经济统计数据，创新的动力是无从查考的。麦迪森提供了这些数据。它们直到 1999 年才开始被公布出来。[2] 这就意味着，在这之前，经济学家对增长的解释还处于一种盲人摸象的状态。必须指出的是，经济学家们现在对麦迪森数据的使用有些盲目，缺乏应有的警惕。毕竟，在构建千年的 GDP 统计数据中总会掺杂着大量的假设和讨巧的猜想。正如我们所知，第二次世界大战前所采用的国民收入概念是不一样的，因此麦迪森必须把一个现代的概念投放到他所找到的数据上。其他的历史学家对某些特定时期和国家存在完全不同的看法。因此，麦迪森数据库为考查不同国家和不同时期的增长模式提供了方便，这是绝无仅有的，但也不能被视作不容置疑的权威。

在我们所处的当下，一种新技术开始广泛传播，而且看起来一定会推动经济发展。对于实证性的考察技术如何带来经济增长而言，这是验证其结论天赐的良机。毫无疑问，该技术就是计算机和因特网。它给保罗·戴维所描述的时间滞后问题提供了一个绝佳的例子。电子可编程计算机是第二次世界大战的基础性创新之一。它的诞生源于英国布莱切利公园(Bletchley Park ）的战时密码破译工作。阿兰·图灵在计算机逻辑领域的重大贡献，以及大西洋彼岸的冯·诺依曼等人在核武器研究方面的贡献，都推动了计算机的快速发展。计算机最早应用于军事和学术研究领域，然后扩展到大型企业。20 世纪 80 年代时，因其体积小、价格低而普及到了所有的办公室，并且逐步进入千家万户。

与之齐头并进的是，美国国防部高级研究计划局与其他组织一起于 70 年代在美国开发的计算机之间的通信协议。自 70 年代中期起，计算机与计算机之间的通信在学术领域率先普及起来，而在整个 80 年代，使用因特网仍需要相当高的专业知识水平。蒂姆·伯纳斯－李（Tim Berners-Lee）发明的万维网让人人都能使用因特网，他当时在位于日内瓦的欧洲原子能研究机构的实验室工作。1991 年，历史上第一个网站就在那里上线了。“互联网献给所有人。”蒂姆如是说。[3]90 年代中期，普通人开始使用互联网，20 年后，上网在发达国家已是家常便饭，在发展中国家也得到了快速普及。这种新趋势在很大程度上要感谢移动电话和智能手机。因为，电信技术已经被光纤电缆等一系列创新彻底改革了，尤其是移动通信和其他无线通信。信息和通信革命的新纪元已经持续了 40 年。

新范式，通货膨胀的自我遏止

20 世纪 80 年代，众多企业购买和使用计算机是一种很明显的现象，但是这究竟对经济带来什么影响却一点都不明显。1987 年，罗伯特·索洛在《纽约时报书评》上写了一篇被广泛引用的文章，他在其中声称：“我们到处都看得见计算机，就是在生产率统计方面看不见计算机。”[4] 实际上，在生产率或 GDP 提升的情况出现之前，企业需要对一批各自独立的技术创新潮流进行整合，需要对新型计算机和通信设备进行投资，还要进行适当重组以使用这些新的工具。沃尔玛就是一个突出的例子，它较好地说明了一家企业可以通过使用这些技术来提升生产力。麦肯锡公司估算，沃尔玛依靠自身的力量推动了20世纪90年代后期美国整体生产力的增长。[5] 为了达到这一点，公司开发了一套从中国和其他低成本国家采购商品的模型，通过极其复杂的物流运作，在市外大型商店里进行零售。这是一种激进的零售再造行为。**通过研究美国20世纪90年代和21世纪头10年里企业在计算机和通信设备方面的投资，人们发现不进行业务重组，生产率就不会有大的增长，那些进行了业务重组的企业都实现了生产率的大幅提高。**[6]

在索洛发表这篇怀疑论文章10年后，计算机革命在经济中开始引发关注，至少在美国是这样的。20世纪90年代早期的衰退逐渐偃旗息鼓，美国迎来了自资本主义开端以来历时最久的一次GDP增长。1991—2007年，只有两个季度（在2001年）的GDP有轻度下滑。其他国家也经历了类似的长期增长，虽然和美国相比，它们的增长率要逊色一些。尽管GDP的增长情况始终是逐年变化的，但只要考察比较长时期内的平均值，就可能避开这种变动的干扰。**经济学家试图计算出潜在的增长率，采用的方法就是考察劳动力和资本供给的增长速度以及它们的使用效果。**美国生产力的平均增长率从1972—1996年的年均1.38%，提高到了1996—2004年的2.46%。[7] 最乐观的观点认为，美国未来的增长率预测数据从年均不到2%的水平，戏剧性地提高到了年均3%以上的水平。如果认为这个变化听上去不大，那就想想复合算法的威力吧。当然，这一次的运算趋向利好：如果增长率为年均 2%，GDP 数据会在 35 年之后翻番；如果是年均 3%，仅需 24 年，GDP 就会翻番。新技术正在顺利发展，如果这种发展势头持续下去的话，增长率将肯定会使世界经济超越第二次世界大战后的黄金时代。

新技术引擎：
格林斯潘的指导思想

如果经济得益于新技术而具有加速增长的潜力，因而可以轻易地满足额外的需求，那么对通货膨胀的担心就是不必要的。

忽然间，人人都在谈论新经济或新范式。新技术似乎已经使生产力的持久提升成为可能。在热衷于此道的人当中，艾伦·格林斯潘是突出代表。他当时已担任美国联邦储备委员会主席多年。他对经济未来的增长率的判断十分重要，因为运用利率和货币政策来抑制具有通货膨胀倾向的需求增长，是他的职责所在。**然而，如果经济得益于新技术而具有加快增长的潜力，因而可以轻易地满足额外的需求，那么对通货膨胀的担心就是不必要的。**在他的回忆录《动荡的世界》（*The Age of Turbulence*）中，格林斯潘描述了 1995 年和美国联邦储备委员会的同事们讨论经济时的情景，当时他第一次提及了

“范式转变”的可能性。“我关注过自20世纪40年代后期以来的经济周期，类似这样的情况尚未出现过，”他告诉他的同事们，“这种技术性变化的深度和持久性每50年或每100年才出现一次。”[8]

他是正确的，但后来却错了。从随后的金融危机来看，关于新经济的鼓吹炒作几乎就是一场妄想。在美国和其他地方，GDP处于缓慢增长的状态已持续好几年，如果真是这样的话，生产率的增长速度也应相应降低。从1995年左右到2005年这10年里，所有的证据都在支持经济会持久向好，就算是公开发布的GDP统计数据也是如此。人们有充足的理由相信，实际的增长率曾被低估了，而且还可能是被严重低估了。

服务业的崛起，计算GDP的难点所在

随着技术新潮流的不断涌现，人们开始越来越质疑GDP能在多大程度上体现创新。然而，其实在这之前，有些经济部门的测量工作就已经出现了一些令人头疼的难题。这其中包括大部分服务业。**记住，GDP被设计出来的目的就是衡量在物资稀缺的时期，经济中物质资源的使用情况和可获得性。尽管情况错综复杂，但对物质产品的测量还是非常简单、明确的。**经济中服务业的原始数据一直比较稀缺，正如前文所述，亚当·斯密认为服务天然就是非生产性的，考虑它们毫无

必要。在 20 世纪 30 年代，科林·克拉克在其早期著作中曾探讨过发育期的 GDP 概念，他也抱怨过服务活动原始数据的查找难度。工业革命留下了大量棉花和煤炭产量的原始数据，但服务活动的统计数据极少。然而，甚至在 1937 年，服务业岗位在英国经济中的占比略低于一半，在美国的比例也是大致如此。[9]

服务业也给国民经济核算人员带来了挑战。名义 GDP 衡量的是全部产品和服务的市场价值的总和 。这些产品和服务最终由用户购买，并以美元或英镑来统计。对于私营服务业来说，这是简单、明确的，但对公共服务业而言，却并非如此。如果它们直接与私营部门竞争，那么后者的价格有时可以被用来评估它们的价值。**如果缺乏可用以比较的私营企业，或者市场并不是真正意义上的竞争性市场，那么评估其价值的唯一的替代性方案就是，用支付给提供这些服务的公共部门雇员的工资来衡量。**这种方法可以给 GDP 提供一个可用的数据，但问题在于那些构建起来的特殊服务无法显示出政府雇员人均产出量的任何增长。很多政府担心公共服务的生产率低下，但在某些情况下，它们可能忽视了统计的因素。

然而，对公共服务生产率的担忧，提出了一个有关生产率的更深层次的问题。顾名思义，生产率与产品有关，它所衡量的是每单位投入的产出量。一家服务型企业的主要投入是员工耗费在工作上的时间。那么，教师的产出是什么呢？是学校培养出的学生的数量？是学生毕业时取得的平均成绩？是他们后来获得的平均最高学位及他们毕生的收入？是学生经过在学校时的熏陶，他们从事有意义的工作、拥有美满的家庭生活以及爱好音乐和运动而享受的生活品质？一个护士如果每天多看护几位病人的话，她的生产率是提高了还是降低了？我们必须只能以某种方式费力地测量病人的健康状况吗？衡量理发师生产率的手段仅仅是计算他为多少人理了发，或者是他靠手艺或店面环境而获得的额外收入吗？

当然，有些问题是无法回答的。这个理念并不真正适用。可是，在经济合作与发展组织成员国的 GDP 中，服务业所占的比重已高达 2/3。棘手的问题还会出现，尤其是在涉及金融服务业的时候，本书第 6 章将回到这个话题。

特征价格法，测量质量改进的新方式

有一个问题看似独立，却越来越引人注目，那就是 GDP 的测量方法决定了它无法全面体现创新的作用。创新一直就没有间断过，但在 20 世纪 90 年代，新一波基于信息和通信技术而出现的产品及服务，开始明显成为企业和消费者支出的重心。

为什么 GDP 对创新的衡量效果不尽如人意呢？加州大学伯克利分校的经济史学家布拉德·德隆（Brad Delong）提出了一个在家庭照明方面连续创新的示例。这个创新经历了一个逐步发展的过程。最先是前工业时代昂贵的、烟气呛人的蜡烛，它发出的光还不如冒出的烟多，因此很少使用，后来发展到煤油灯，然后又改用煤气灯，再到一按开关就亮的现代化电灯。在 16 世纪的时候，大多数人都是天一黑就上床睡觉，因为他们能用的照明工具质量低劣且价格昂贵。到 20 世纪 90 年代的时候，你偶尔出去度假忘了关灯，发现这个失误时你也不过只是感到有点懊恼罢了。经过了几十年、几百年，1 流明或 1 个光单位的价格已经大大降低。[10] 与此同时，照明的质量却得到了显著改善。构成 GDP 估算值的原始统计数据——购买的蜡烛或者电灯泡和灯具的数量，从来没有全面地体现出价格下降或者质量提高的幅度。在一项著名的研究中，经济学家威廉·诺德豪斯（William Noradhaus）认为，自 19 世纪以来，惯用的测量方法高估了光的价格，低估了实际的产出，误差系数为 900 ~ 1 600。如果在其他快速发展的技术领域也存在这种情况的话，误差的累加会使 GDP 统计数据大幅低估经济的实际增长。

某一个消费性开支项目的状况其实是整个经济领域的写照。现代 GDP 的增长就是一个持续创新和多样性激增的故事。

选择“太多”是当今很时髦的一种说法。然而，证据却指向了其他的情况。各种类型的谷物，不同版本的图书，到底会给消费者带来多大的价值？计量经济学对此展开了研究。他们的结论表明，就连苹果肉桂口味的燕麦片这种看似微不足道的创新都能给消费者带来可观的价值。[11] 如果把所有的创新物品都加起来，从口味的微小创新（比如谷物、牙膏和茶），到明显更加新奇的创新（比如尼龙搭扣带或混合动力汽车），再到人们通常认为的高科技创新（比如智能手机、平板电脑、基因靶向药物以及石墨烯新材料等），那么好处究竟应该是什么呢？

到了20世纪90年代中期，如何在GDP中体现计算机质量的显著变化和价格的明显下降，成了一个特别突出的问题。在10年时间里，从开始时只有少量的人购买苹果莉萨或麦金塔电脑，到后来人们普遍拥有了功能更强大的家庭电脑。与此同时，因特网在家庭中迅速成为必备设施，移动电话用户的普及程度也不断提高。在下一个10年里，笔记本电脑成为非常普通的消费品，平板电脑和智能手机也紧随其后。在迄今为止的所有新技术当中，每一波信息和通信技术的传播和推广速度都是最快的，而且，与之相伴随的是其价格的快速下跌。威廉·诺德豪斯计算过每标准单位计算能力的价格的下降速度，他说道：“自20世纪以来，以不变价格或工作单位来衡量，计算性能改进了约 1 万亿至 5 万亿倍，这意味着年均复合增长率在一个世纪里达到了 30% ~ 35%。”他认为，官方数据低估了价格下降的程度，因为它们没有充分考虑计算机性能的提高。[12]

波斯金委员会与特征价格指数 hedonic

如何在 GDP 中体现质量的显著变化和价格的明显下降，美国波斯金委员会对此问题进行了调研。结果显示，表面上的价格上涨（或者相对较慢的价格下降）实际上反映的是质量的巨大提高和消费者从这些商品中获得的收益。这份报告产生的另一个影响是，美国和其他国家的统计机构更多地采用了“hedonic”特征价格指数，来将名义 GDP 转化成实际 GDP。采用特征价格指数的目的是考虑质量的变化，以便计算出使用者获得的潜在收益的真正价格。

美国波斯金委员会的专家对此问题进行了调研。正如前文讨论过的那样，该委员会 1996 年的报告称，因为没有考虑计算机、照相机和电话机等商品质量的变化，美国的消费价格指数每年高估了 1.3% 的通货膨胀率。显然，为抵消虚幻的价格上涨，实际 GDP 的增长率又被低估了。**表面上的价格上涨（或者相对较慢的价格下降）实际上反映的是质量的巨大提高**

和消费者从这些商品中获得的收益。波斯金委员会的这些发现让艾伦·格林斯潘和美联储对经济增长的潜力有了比原先更大的信心。这份报告产生的另一个影响是，美国和其他国家的统计机构更多地采用了“hedonic”特征价格指数，来将名义 GDP 转化成实际 GDP。

hedonic 一词源于希腊语，意为与快乐有关的事物。采用特征价格指数的目的是为了考虑质量的变化，以便计算出使用者获得的潜在收益的真正价格。要计算一台电脑的特征价格，就要找出捆绑在这台电脑上的某些特征的价格。统计人员掌握的是所有类型个人电脑的实际购买价格，同时也收集人们所购机器的不同特征的数据，如它们的内存有多大，屏幕尺寸和分辨率大小如何，有没有内置的 Wi-Fi，等等。这时，实际的价格被复归到这些不同的特质上。**也就是说，可以推导出一个估算公式来求出所付价格和每种特征之间的关联系数。任何一种与电脑各部位具体的质量改进无关的价格上涨，就可以被认为是通货膨胀；换句话说，是一种没有质量改进支撑的价格上涨。**这种方法被应用到了一系列高科技产品中。这样一来，美国的 GDP 和经济增速估算值在几年内均有增长。接着，其他国家也因为采用同样的方法而“迎头赶上”。英国、加拿大和日本这些国家后来也亦步亦趋，开始计算这类商品的特征价格。

同一时期，美国的统计中还出现了另一种变化，也产生了相同的效果。这种变化就是将企业采购的软件算作一种投资，而不是之前的中间产品购买。也就是说，软件不再被当作在企业间购买的零部件或文具。在计算 GDP 时，软件不会再被当作其他产品的中间产品而从最终销售额中扣除出去。它变为了类似新机器或厂房一般的事物，其价值会贬损，但也会带来未来收益。这种方法上的改变引发了一些争议。相比安装在生产线上的机器，软件的使用寿命要短得多，也许只有两年而不是 10 年。因此，它显然与耐用品属于不同的类型。企业和基于个人用途的消费者在购买不同类型的软件方面并没有明确的分界限。例如，很多中小企业可能会去史泰博或其他大型卖场购买会计软件包，而一家大企业则会直接去供应商那里买。显然，要收集到正确类型的原始数据是颇具有挑战性的工作，而且，电脑的软件和它的性能特征还有重合之处。因此，如果既采用特征价格法，又将软件视作资产，可能会导致质量改进效果被重复计算。然而，官方统计机构现在已将企业的软件购买视作投资支出。

采用特征价格法和将软件购买视作投资之后，实际 GDP 似乎在 20 世纪 90 年代后期和 21 世纪初期获得了强劲增长。当时经济繁荣，因此 GDP 数据所传达的信息并不虚假。但是，这种变化造成的印象是增长的加速度要比实际的大。更有甚者，因为美国是第一个对此类商品采用特征价格法的国家，这就理所当然地使美国经济看上去要比它的欧洲竞争者或日本更加强大。在大西洋的一边，经济政策制定者们焦头烂额：任何国家的任何一家企业都可以用计算机，但为什么计算机革命给生产力带来的好处似乎都让美国占尽了？美国当时正弥漫着一种必胜的信念，民众认为美国经济及其以硅谷英雄和股市飙升为标志的新范式无比优越。1995 年墨西哥债务危机，1997—1998 年年亚洲金融风暴以及美国长期资本管理公司的破产，甚至 2001 年科技股崩盘和同一年的“9·11”事件，诸如此类的打击经过短暂的危机管理之后，都一一摆脱了它们带来的阴霾。经济看起来已强大到可以经受住一切考验了，GDP 在经历了 2001 年的短期温和衰退后，在接下来的几年里继续保持高速增长。

新经济事件给 GDP 带来的问题依然存在。GDP 从未很好地衡量过服务业的活动，而服务类支出在消费者总支出中所占的比例一直在稳定增长。同样，GDP 也从未反映过资本主义最显著、最重要的特征：它是一台“创新机器”。[13] 相比经济规模，可用货物及服务的丰富性或许是一个更好的测量标准。2001 年公布的一项研究表明，40 年来，美国的这种丰富性增长速度惊人，达到了年均 1%，而且还呈现出了加速增长的态势。[14]GDP 的概念被发明出来的时候，这种丰富性的扩张情况还没有出现，直到现在，除了少量应用特征价格法的商品类别之外，GDP 还没有开始衡量这种丰富性扩张带来的福利。不过，GDP 测量中的这两大不足已经开始汇合，因为自 1980 年以来，服务业增长中的大部分已经被登记在商业和专业服务类别下，其中包括所有与信息和通信业有关的全新经济活动。**在 1996 年出版的一本书中，我注意到了一个现象，毫不夸张地说，10 多年来增加的 GDP 没有衡量任何东西：所有持续增长的附加值都是以不同的无形资产形式出现的。**[15] **为有形的物质产品而设计的国民经济衡量手段，实在不是衡量日益发展的无重量经济（Weightless Economy）的好办法。**

这个讨论告诉我们，GDP 现在不是，过去也从来没有打算要成为衡量福利的标准，它衡量的是生产。正如我们在本书第 1 章中所见，国民经济核算的先驱者之一西蒙·库兹涅茨，曾热衷于开发一种衡量经济福利的标准。然而，为了应付战时需要，以便使稀缺的物质资源和劳动力能够得到最有效的利用，衡量生产成果和生产能力的目的压倒了其衡量福利的诉求。

如果要开发一种衡量国民经济福利的标准，那么我们就不应该从 GDP 开始说起。这就意味着，对 GDP 所做的任何一种形式的修补，都是在试图将它转变成一种迥异于设计初衷的东西。不管是特征价格法，还是本书下一章将会谈到的 GDP 批评者提出的更加激进的替代性方案，都是如此。

GDP

A BRIEF

AFFECTIONATE

BUT

HISTORY

05 大崩盘

充斥金融泡沫的 GDP

(2005……)

金融业曾经作为各行业的中间投入被排除在 GDP 成分之外，但随着 1968 年国民经济核算体系的修改，金融业的产值开始逐渐成为 GDP 中的重头戏。金融业的疯狂扩张将会带动 GDP 扶摇直上，这成为各式各样金融危机的诱因。

希腊悲剧：傲慢、愚蠢和毁灭

经典的希腊悲剧有三大元素：傲慢（hubris）、愚蠢（ate）和毁灭（nemesis）。自 2008 年国际金融危机爆发以来，这些都在全世界“尽显风采”。

对现行经济增长模式的必胜信念安全暴露出了现代人的傲慢态度。当然，这种模式是以技术革新为基础的，但它同时也根植于金融市场的宽松管制，宽泛的“自由市场”理念和金融及贸易的全球化。在 20 世纪 90 年代和 21 世纪头 10 年里，随着全球化的范围和领域不断扩大，出现了一些反对的声音，矛头直指那些被视为有害的、无法接受的全球化副作用。这些批评的焦点集中于全球不平等的加剧，因为富国的人均 GDP

远超最贫困国家的水平，这些穷国绝大多数位于撒哈拉以南的非洲地区。很多经济学家（包括我自己在内）认为反全球化运动的初衷很美好，但已误入歧途，因为他们反对那些让很多发展中国家受益的经济力量，尤其是印度和中国。尽管总有小部分穷国由于内部冲突和糟糕的政治统治而无法参与国际金融和贸易流动。主流的观点认为，全球化，包括正在兴起的跨境投资，是一种有益的趋势。关于这个论点，主要的证据之一就是中国和印度，前者因为更多地参与全球市场而大大缓解了贫困状况。尽管经历过危机，但大趋势依然如此，印度尼西亚、尼日利亚、加纳和莫桑比克等国家都因此而加入了新兴市场国家的行列。

还有，21 世纪头 5 年，发达国家的 GDP 继续增长，金砖国家（巴西、俄罗斯、印度和中国）的经济增速惊人，其他新兴市场国家也在稍稍逊色的程度上有所增长，这些都给金融市场注入了傲慢。生产力因技术进步而大幅提升，经济发展据说有了“新范式”。这是一个充斥着“道指 36 000 点”这类书名的时代，艾伦·格林斯潘对此给出了一个著名的说法：非理性繁荣。[1] 有些经济学家早就警告过，一旦泡沫破裂，就将带来重大灾难。[2] 更多的人发现，声称金融市场的繁荣将会得到维持，总比冒风险去预测经济灾难要更容易一些。显然，摆脱人云亦云，去说一些极端而且不受欢迎的话，是需要勇气的。而且，他们有足够充分的证据，证明就算市场出现动荡，美国联邦储备委员会也会把一切整顿好，因为自 1987 年格林斯潘担任主席以来，类似的事情已经重复发生过多次。如果股票市场走弱的话，货币政策可以刺激它上涨。归根到底，这位美国联邦储备委员会的主席是新范式最杰出的信奉者之一。

现在，众所周知，金融市场不仅以非理性繁荣为特点，而且还充斥着各种欺诈（包括自我欺诈）以及市场操控行为。金融业和企业界都丧失了道德的基石，贪婪令人厌恶地大行其道。甚至到现在，很多金融界和商界精英还没有领会到自己已经深深地陷入了一个孤立的道德宇宙。有些好像还觉得自己委屈，认为在归罪金融及经济危机的责任时，自己成了替罪羊，这对他们是不公平的。以下这种现象也是傲慢的一部分，就是认为金融业和大企业的运行中不存在任何系统性的问题，只不过有些坏苹果罢了。

因此，在一出经典的悲剧里，傲慢导致了愚蠢。愚蠢总是成群结队地到来。精英们自己给自己发放数百万美元和英镑的薪酬（薪酬委员会里净是这样的人）。危害性的金融工具被制造出来，导致了风险的增加和集聚。监管机构自欺欺人，能力不足，并且与监管对象交往过密。最重要的是，认识不到商业真正的目的是什么，它绝不是短期利润或股东价值的最大化，而是向客户（以他们自己都不知道自己需要的方式）提供商品和服务，实现互惠互利的交易。利润和股价的上涨都是副作用，而不是目的。[3]

最后，悲剧性的衰败出现了，这就是报应。21世纪头5年，尽管亚洲金融危机余波未尽，互联网泡沫破灭（2001年），但所谓的盎格鲁–撒克逊资本主义却风光无限。一些知名作家在他们的作品中大肆鼓吹这种资本主义的优势地位，比如托马斯·弗里德曼（Thomas Friedman）的《凌志汽车与橄榄树》（*Lexus and the Olive Tree*）以及《世界是平的》（*The World Is Flat*）。这些书的主旨思想不外乎：即使它令人不悦也要同它打交道，因为全球化正在横扫全球。然而，甚至在2007年年末的金融危机爆发之前，对这种趋势的质疑就已经出现。

金砖国家不仅成功崛起，而且还显现出了赶超西方国家的势头。高盛集团的经济学家吉姆·奥尼尔（Jim O'Neill）创造了BRIC这个首字母缩略词。2001年，他先是出版了一份报告，指出这些大的新兴经济体正在快速发展，而且它们的GDP还有超越一些主要发达国家的潜力。麦迪森跨越几个世纪的GDP历史数据显示，中国的人均GDP在19世纪时曾接近英国、法国和荷兰等当时主要经济体的水平。的确，有些经济史学家认为，直到工业革命开始，中国一直比其他国家更加富庶。[4]然而，中国后来掉入了停滞、萧条的泥潭，而西方国家却不断发展并迅速赶超。麦迪森的数据显示，在 1970 年前后，普通中国居民的经济状况并不比在公元 1000 年时的居民强。1981 年，中国在改革开放的大潮中迅速走上了经济增长的快车道。尽管中国的人均 GDP 仍然大幅低于西方水平，但其总量已经超过或者很快就将超过美国。[5]如果以 2010 年前后的年均增长率计算，那么中国的 GDP 每 8 年就差不多能翻一番。

不过，想维持这种增长速度非常困难。这不仅是因为容易赶超的部分已经先行实现了，而且还因为中国同时面临着严峻的人口和社会问题的挑战，比如人口的快速老龄化、男性人口的过剩，以及福利和养老保障的缺乏。同时，由于房地产泡沫的积聚，债务风险还在咄咄逼近。不过，即便如此，中国无疑已经成了世界舞台上的一支重要的政治和经济力量。参与全球贸易和投资往来，对西方出口货物以及海外投资，这些都在很大程度上促成了中国经济的成功。西方企业和消费者购买的大量产品都是在中国生产或组装的，或者其中的零部件是由中国制造的。中国的主要港口是连接国际物流链的重要节点。很多西方人非常担心中国和其他东亚国家会导致他们失去工作，但目前的生产组织方式已经深刻地重塑了全球很多产业，放弃这种方式将会对经济产生巨大的破坏。

我们所购买的大部分工业产品都有赖于中国制造，这是确定无疑的。美国对中国的依赖性似乎更大，因为中国持有超过 1 万亿美元的美国国债，这有助于美国政府平衡财政赤字，尽管这种关系实际上对双方来说都是不正常的。

对西方必胜主义来说，这显然是一个大大的反转。2008—2012 年，经济合作与发展组织成员国的平均实际 GDP 增长率为每年 0.9%，而中国的增长率则稍高于 9%。尽管中国未来的发展路径存在各种不确定性，但金融危机带来的绝不仅仅只有经济后果，还有持久的地缘政治效应。

在本章，我将考察危机对衡量经济产出提出的两大根本性问题。第一个显然是关于金融业的作用问题。在 2008 年前的很多年里，甚至从那时开始，政客们都在赞扬金融服务对经济做出的重大贡献。然而，考虑到它们造成的失业、破产和纳税人负担加重等破坏，我们必须提出这样一个问题：这样的破坏性如何与金融在 GDP 统计中的重要地位相调和。第二问题是对经济增长进行更深入的重新评估，它由市场经济的巨大危机和上一代经济政策所依据的经济理论所引发。这么多年来，我们一直都在朝着错误的目标前进吗？在最后一章里，当我们展望未来 GDP 的发展时，会解答这里所提出的问题。

金融业，从中间服务产出到 GDP 发动机

金融危机提出了一些深刻的问题，涉及金融的目的及它在 GDP 中是如何计算的。揭去遮盖在其行为表面上的那层面纱，看看从盲目蛮干到欺诈哄骗等行径，人们很难理解金融行业如何会对经济做出积极、正面的贡献。几十年来，在金融服务业规模庞大的美国和英国，金融业对 GDP 增长、就业、税收收入和收支平衡都有着重大贡献，这已成为一种常识。然而，为了防止银行倒闭而拿出几十亿英镑的税款进行支持，中央银行则再提供几十亿进行补贴性资助，这让人们不得不质疑这个行业对财政和经济的贡献。危机造成的损失，包括由于后续的衰退而出现的经济产出停滞，估计能达到整个世界年度 GDP 的 1 ~ 5 倍。[6] “这场危机所造成的创伤，整整一代人都能感受到。”英格兰银行的执行董事安德鲁·霍尔丹（Andrew Haldane）这样说道。[7]

那么，金融在经济统计中有没有被正确地计算呢？答案是否定的。

在英国 2008 年第四季度的 GDP 统计数据中，我们可以找到质疑的原因。就是在那个时期雷曼兄弟破产，全球货币市场面临停止运转的风险。在那个季度，统计数据显示英国的金融业创造了最快的发展纪录。那些数字意味着金融业对经

济的贡献几乎堪比制造业。金融公司的“营业盈余总额”达到 200 亿英镑，上涨了足足有 50 亿英镑。[8] 金融业在整个经济中所占的份额上升至 9%，在 2009 年又上升至 10.4%（当时制造业所占比重为 11%）。政府通过补贴资金和直接收归国家所有的形式对这个行业进行支持，这样做无疑是荒唐的。这些统计数字究竟出了什么问题呢？

测量金融行业在国民经济核算中是出了名的难题。在英国的国民经济核算中，金融业自 1850 年以来增长速度达到了整个经济的两倍。其中大部分增长主要集中在两个时期，即 19 世纪晚期至第一次世界大战期间，以及 20 世纪 70 年代到 2007 年之间，这两个正是全球化比较流行的阶段。实际 GDP 在 1980—2008 年间实现了翻番，然而测算出来的金融业实际增加值却增长了 3 倍之多。同样的趋势在美国（金融业在整个 GDP 中所占份额由 20 世纪 50 年代的 2% 上升到了 2008 年的 8%）及欧洲其他国家也可以发现。用安德鲁·霍尔丹的话来说，这不是增长奇迹，而是海市蜃楼。

这背后的原因是金融业产出的测量方式。很多服务业向客户收取费用，统计人员可以根据收费额来衡量其产出。相比之下，金融服务很少直接收取手续费或佣金。在很大程度上，银行通常并不依靠出售服务来收取费用。它们利润中有很大一部分来自于存（或支付存款人）贷款利差或者交易业务。经济合作与发展组织的 GDP 统计手册解释说："使用（构造 GDP 的）一般公式进行的测量将导致它们的附加价值量非常小，甚至是负数。换句话说，它们的中期消费会比销售还大！"[9]

无法想象从经济中扣除银行业的产出是何时确定的，或许主要是因为统计人员没法找到衡量金融中介收入的方法。因此，多年来的习惯做法是将金融服务业计算为经济中一个虚构性门类的负产出。套用《爱丽丝梦游仙境》里的一句台词，这就是越奇越怪，越奇越怪。随着金融服务业在整个 20 世纪 80 年代的发展，方法再次改变，1993 年版的联合国国民经济核算体系引入了"间接计算的银行中介服务产出"的概念，简称 FISIM。目前的计算方法是把银行存贷款组合的借贷利率同零风险的参考利率相比较，比如央行的政策利率，然后将差额乘以两类未清余额。这在实际操作中有很大的困难，尤其是要将它转换为基于通货膨胀率调整后的值或实际值。[10] 但在原则上，它是有意义的，因为它能计算银行通过承担风险所提供的服务。

然而，这样做带来的后果之一，是风险的积聚被记录为金融服务业实际产出的增长。此外，用安德鲁·霍尔丹及其合著者的话说，银行承担风险有什么特别的呢？**“不清楚承担风险本身是不是一种生产性活动。任何家庭或企业只要投资于风险债务证券，也就要承担信用或流动性风险。将资金投资于风险资产是资本市场的根本性特征，它并不为银行业务所独有。因而，从概念上讲，基于风险的收益流量是否能够代表银行产出尚不清楚。”**[11] 承担风险对于经济中的其余部分来说并不是一种有价值的服务，虽然管理风险是有价值的。霍尔丹接着指出，银行报告的利润是经过夸大的，其手段就是忽视统计效应，尽可能利用资本杠杆来承担更大风险。这些利润是“虚无缥缈”的，不过奖金当然是实实在在的。

统计方面的虚幻性对所有国家的 GDP 都产生了影响。一项关于美国的研究得出结论：“做一个保守的假设，1997—2007 年，现有的官方统计将商业银行的服务产出起码高估了 21%（在 2007 年第四季度达到了 1 168 亿美元），并将 GDP 高估了 0.3%（在 2007 年第四季度达到了 529 亿美元）。”[12] 在欧元区，如果根据银行的风险承担进行调整，那么金融行业产出的测量值将会降低 25% ~ 40%。如果在英国采用同样的系数，那么金融业对该国 2008 年 GDP 的贡献测量值则为 6% ~ 7.5%，而不是 9%。[13] 这些数据是令人震惊的：近年来金融业的规模起码被高估了 1/5，甚至还可能高达 1/2。

从负到正：

金融服务业对 GDP 的作用

最初，人们普遍认为，金融服务业对 GDP 的贡献率是负数或很小的正数。金融几乎就是一种“非生产性的”活动，因为利息流大体上被当作金融业的中间投入，因而从该行业对 GDP 的最终增加值贡献中扣除掉了。然而，在 1968 年的国民经济核算体系 SNA 修订版中，金融业转变成了一种生产性的行业。到 1993 年后，其对 GDP 的贡献开始不断增加。

为何夸大金融服务业对 GDP 贡献值会如此重要？答案就在于政治领袖们是围绕关键部门制定经济政策的。在金融危机期间，行业游说对监管改革的政治决定产生了很大的影响，这不仅是因为投资银行对政治党派进行了捐助，还因为政客们由衷地相信这个行业对增加就业和促进经济增长至关重要。[14]“我们的经济需要这个行业。”英国财政大臣阿拉斯泰尔·达林（Alastair Darling）在他的危机回忆录中这样写道，尽管恰恰相反的是，在危机高峰期这个行业险些让经济万劫不复。[15]前美国联邦储备委员会主席艾伦·格林斯潘曾明确地将 GDP 所代表的繁荣增长与庞大而复杂的金融业相联系。他说道：“战后，金融的复杂性随着劳动分工、全球化和科技水平的提高而日益增长。这种复杂性的衡量方法之一，即金融和保险业在 GDP 中的份额，获得了巨大的提升。例如，在美国，金融业的占比从 1947 年的 2.4% 上升到了 2008 年的 7.4%，在 2009 年经济严重萎缩的时候，还达到了更高的 7.9% 的比例。”[16]

随着统计方法的变化，金融对经济具有战略重要性的观点应运而生。最初的国民经济核算体系（1953 年）显示金融服务业对 GDP 的贡献值为负数或很小的正数。金融几乎就是一种“非生产性的”活动，因为利息流（现在由间接计算的银行中介服务产出来衡量）大体上被当作金融业的中间投入，因而从该行业对 GDP 的最终增加值贡献中扣除掉了。1947—1993 年，美国金融中介机构的净利息收入（称为设算银行利息，IBSC）被算作对其他经济部门的投入。在 1968 年的国民经济核算体系 SNA 修订版中，这种方法在全球范围内被正式确定下来，当时的金融中介机构的净利息收入被“视为完全的中间消费，而且更尖锐地说，是被当作自身没有任何产出的概念性行业专有的投入 / 支出。这是正确的：一个不提供任何产品或服务的虚构性行业被推定为‘银行’中介的‘买方’。金融中介机构的‘服务’仍然被认为是生产性的产出，因而它们未被追溯到国民经济的其他有形产业中去，而是消失在了一个虚拟产业部门的黑洞里，其负的增加值等同于（但符号相反）金融中介机构的净利息收入”。

英国和法国相继于 1973 年和 1975 年采用了这种方法。[17] 由于这个变化，金融开始从一个概念性非生产行业转变为生产性行业。1993 年国民经济核算体系加快了对金融行业的重新展望。在一项对国际银行业的研究中，布雷特·克里斯托弗（Brett Christophers）写道："未对银行的借贷业务进行同时评估，而是宣称两者结合构成了一种服务组合，其共同价值可以通过从后者创造的利息收入中扣减前者的利息支出来进行估算，1993 年的国民经济核算体系将这两种功能分开并分别定义，相互独立地成为一种生产性的活动，其产出可以被衡量。"[18] 具有讽刺意味的是，英国国家统计署在 2008 年的数据中首次全面采用了间接计算的银行中介服务产出法。[19]

这是一种重要的概念性变化。它将金融描绘得跟任何一种经济活动一样，就像制造商将原材料加工转化成更有价值的产品，银行获得无风险收益并通过承担风险将其转化成更高的回报，向资金来源方（最终的储户或贷方）以及资金接收方或借款人提供服务。但是，在一代人或两代人里最大的一次金融危机正处于黑云压城的时候，记录金融服务业对 GDP 的贡献大幅增长，这其中的荒谬性可以显示这种统计方法是错误的。经济学家们建议采用一些方法，来调整间接计算的银行中介服务产出值，以便将银行的风险承担行为考虑进去。毫无疑问，其他的技术性建议还会继续出现。

然而，根本性的问题在于是否应该将金融计入到 GDP 中去，以及“生产性行为”究竟意味着什么。本章最后一部分将提出一些关于“生产率”的问题，还会触及更重要的问题，我们在经济中究竟以什么为重。金融危机让很多人质疑，只有被 GDP 衡量的货币价值才重要，这种方式是否具有正当性。金融业作为典型，似乎代表了社会对一些行业的发展过于看重了，而另一些行业却没有享受到这样的重视。危机也给一场旷日持久的争论注入了新的活力，即人们到底应该衡量 GDP 和有偿产出，还是应该寻找衡量福祉或社会福利的方法。

非正式经济，GDP 无法涵盖的“角落之地”

正如我们在第 1 章中谈到的，亚当·斯密认为所有的服务都是“非生产性的”，其中当然包括银行业。**布雷特·克里斯托弗专门就金融在经济中的作用写了一本书，他写道：“真正的问题不在于对生产能力的具体测量手段，而在于这个社会痴迷于识别经济上的生产性，并将它从非生产性中区分出来。”**[20] 原则上，GDP 并不需要区分生产性和非生产性，因为它衡量的是人们付费购买的一切，而他们的付费意愿可以被视作生产价值（尽管货币以外的价值衡量手段也肯定存在）的一项指标。然而，我们已经看到，在金融服务业以及以税收购买的公共服务的案例中，这种方法给实际操作带来了困难，因为统计人员或政客们想要在“经济”的定义中包含人们没有直接付费购买的活动。18 世纪和 19 世纪的经济学家们毫不为难地把政府支出和银行业排除在他们关于国民收入的定义之外，但后来的经济共识却倾向于将它们计入其中。

国民经济核算的奠基人之一理查德·斯通毫不讳言这些计入内容及计入方式有些过于随意了，他说道：“这种处理方式并不是一个原则问题，也就是商品价值以市场价格计算，政府服务以成本计算，不付费的家务劳动却被忽略。它完全是为了操作方便。因而，这是站得住脚的，但仅仅是基于实用性的考虑。”[21]

划分生产性和非生产性活动的这条虚构的线被称为“生产的界限”。实际上，它们之间并非泾渭分明，因此在边界上的决策都是任意的，可能仅仅是一个方便性的问题。然而，这个边界也是自我应验的，因为被计入国民经济核算的 GDP 定义中，就会被视作是“生产性”。克里斯托弗解释说：“因为它们提供了经济产出的测量方法，尤其是它们让不同产业或部门对产出的相对贡献得以量化，‘这个部门代表了国民经济的一半，那个部门只有 1/4，等等’，国民经济核算成为人们痴迷通过不断外化得以实现的完美工具。”[22]

几年来，关于生产界限的论辩林林总总，不一而足。其中一个涉及“非正式”“影子”“地下”经济（我将坚持使用非正式的提法）的作用。通过定义可知，在税收之网及法律之外的经济活动没有可靠的官方统计数据。家庭之内未付费的工作逐渐成为这种经济的一部分，并被统计人员称为“家庭生产”。有一个著名的悖论就与之相关。一个鳏夫娶了他之前的家政妇之后，会导致 GDP 减少，因为他从此不再支付她工资。另一项辩论涉及对福利没有积极性贡献的活动（与其说银行业，不如说法律服务、武器销售、污染性行业等）是否应该从 GDP 产出计量中剔除出去。这类调整的倡导者也热衷于通过调查来直接衡量人们的福祉和幸福。与之相关的论据就是西方富裕国家不再需要更多的经济增长。而这种“不增长”的主张同人们对环境的担忧有关，两者分别出现在最近几年和一代人以前。[23] 让我们来一个个地讨论一下。

指标仪表板，超越 GDP 的新方式

1987 年，意大利宣布其 GDP 水平在一夜之间大幅上升，其原因是该国官方统计人员决定将非官方经济估算计入 GDP 统计数据中。这一下子就将该国的经济规模扩大了 1/5，让意大利一举超过英国成为世界第五大经济体，仅次于第四名的法国。这被称为 il sorpasso，即超速。当时《纽约时报》报道称：“在经济学家们重新校准了统计数据，第一次将该国大得

吓人的、由逃税者和非法工作者构成的地下经济计入其中后，意大利举国上下欢欣鼓舞。”[24]

对非正式经济的关注和命名源自人类学家凯斯·哈特（Keith Hart）的作品，该作品以 20 世纪 60 年代后期和 70 年代早期他在加纳的实地调查为根据。后来，大规模的非正式经济活动得到了广泛认可。它意味着从事商业活动却不缴纳税款，未获得许可，不遵守健康安全法或劳动法等所有的政府法律法规。这种经济活动利弊并存。非正式经济是高度企业性质的，创造了很多就业机会。在一些国家里，非正式经济的存在有两类原因，要么是因为政府的管制过于繁重，比如发展中国家制成品进口关税高，或者发达国家的货架或水槽放置规则太过烦琐；要么是因为贫穷逼得人们不择手段地挣钱。

有些不入账的经济活动到处都存在，其规模可以通过多种手段进行估算，比如，采用耗电量或现金运用等指标。这些估算中既包括绝对的犯罪活动，比如集团犯罪，也包括违法的或者未经报道的，但大体上是良性的经济活动。在发展中国家，逃避纳税和政府监管的经济活动在 GDP 中占有较高比例。“非正式”经济在贫穷国家规模巨大，因为很多人都是不受雇于他人的企业家、农民或散工。在发达国家里，这种经济在 GDP 中的占比各有差异，从美国的 7% 左右，到瑞士的 8%，再到意大利的 20% 和希腊的 25% 不等（均为 2012 年估算数据），其平均占比为 15%。在所谓的“转轨”经济体中，影子经济占 GDP 的比例一般为 21% ~ 30%，在更加贫困的发展中国家为 35% ~ 44%。全球范围内的非正式经济规模一直处于增长趋势。**弗里德里希·施奈德（Friedrich Schneider）写道：“对一些国家的数据研究发现，纳税负担加重，社会保障支出增多，再加上官方对劳动力市场限制越来越多，这些都构成了影子经济规模增长的主要推手。”**[25]

意大利做出根据非官方经济进行 GDP 调整的决定之后，出现了少量的争议，但很快就偃旗息鼓了。现在一些国家也如法炮制，进行了相似的调整。这些主要基于现金进行的兼职兼差、逃避税务及法规，同时又创造就业和增加产出的非正式经济，尽管很难衡量，但也被置于生产的界限之内。它也涉及市场经济中的货币性交易活动。

然而，其他的非正式经济活动没有被计入在内，主要是因为没有金钱转手。经济学家们称之为“自给性生产”或“家庭生产”。其含义为一切生产活动发生在家庭之内并以自用为目的，如烹饪、清洁、育儿、蔬菜种植、缝纫、木工活等。所有这些都可以从家庭之外购买或外包，但很多却没有购买或外包。不付费的家务劳动未被计为“经济”的组成部分，而付费的家务劳动却被计入，其主要原因是测量困难。当然，困难其实不是一个恰当的词。这种不付费的家务可以通过调查来测量，就如很多其他的经济统计那样。不过，官方统计机构从来没有为此费过功夫，也许是因为这种家务一般都是由女性承担的。

一些国家会不时地开展“时间使用调查”，以计算家庭生产的工作量，并依据劳务市场上同类工作的工资率来评估这种家庭生产的经济贡献。美国现在持续开展时间使用调查，而澳大利亚和加拿大开展得颇为频繁，其他一些国家也是如此。不过，很多国家并不开展这项调查，英国最近的一次大规模调查还是在 2000—2001 年进行的。[26] 一些长期的趋势也出现了，例如自 20 世纪 60 年代开始的妇女从事有偿工作运动，以及很多富裕国家休闲时间的延长。经济周期也经历了一些变化，衰退时期人们紧缩了保洁等有偿服务以及外出就餐等方面的开支。（贫穷国家却不是这番景象，因为自给农业在许多情况下都很普遍，因此无报酬的非正式经济始终都是重要的。）然而，就算在经济繁荣时期，这种非正式、无报酬工作的规模也很可观：在人们全部的工作时间中占比超过一半。如果用支付给相似工作的现金报酬来计算它的价值，结果将等同于按惯例计算的 2001 年英国 GDP 的 1.85 倍。[27] 尽管数据因国而异，而且通常被武断地排除在官方 GDP 统计数据之外，但这种经济活动在全世界都是重要的。

是否应该将烹饪、育儿等家庭经济活动纳入统计这个问题，让我们注意到了另一个问题，即我们希望在何种程度上衡量经济学专业术语中的福祉，或“社会福利”，而不是简单的产出。花费在“家庭生产”上的时间在过去几年里有所增加，而有偿工作时间却减少了。然而，尽管育儿和烹饪毫无疑问也是工作，但它们还能带来乐趣，有些人认为在那上面多花的时间实际上是闲暇而不是工作，因此不能算作真正的经济活动。我认为这是在转移话题，因为也有很多人享受他们的有偿工作，或其中的一部分。难道就因为它给人带来乐趣就应该从 GDP 中扣除吗？显然不是。有趣的是，这个定义性的问题突然出现在了活生生的政治中。例如，英国律师劳拉·佩林斯（Laura Perrins）辞掉了工作在家照顾孩子，她被叫去参加一档广播节目，批判副首相尼克·克莱格（Nick Clegg），因为联合政府出台了一项税收抵免政策，旨在帮助在家庭以外工作的母亲支付育儿费用。“我不明白联合政府为什么要歧视像我这样在家照顾自己孩子的母亲……我觉得这项规定就是为了抬高 GDP 数据，因为如果我去照管别人家的孩子，我的劳动将被计入 GDP 统计数据中，我认为财政部关心的只是这个。”[28]

但是，有一个现实问题存在。我们是否应该找到一种方法来衡量乐趣、幸福、福祉，而不是 GDP？这个问题目前被争论得热火朝天。金融危机带来的后果之一，是让市场的优点和一般意义上的经济学遭到了广泛质疑。很多经济学家不承认自己的工作也是批判的靶子之一，但令他们懊恼不已的是，经济学被批判成一种智识氛围的罪魁祸首。这种知识氛围鼓吹市场的重要性，结果使对金融过度依赖成为可能，而且更严重的是，还把追逐短期利润扶植成了大多数生活领域的裁决者。**按照迈克尔·桑德尔（Michael Sandel）的说法，我们必须“质疑那种假定，它灌输很多以市场为导向的思维。它假定所有的商品都是可以同单位度量的，都是可以毫无损耗地换算成一种单一的计量标准或价值单位”。**[29] 因此，一场增进“幸福”而不是促进经济增长的运动方兴未艾。

反 GDP 运动根源于一篇著名的文章，作者是经济学家理查德·伊斯特林（Richard Easterlin）。他记录了一个明显的悖论。在合适的时候只看单一证据，富国人民要比穷国人民更快乐（我们讨论的是平均水平），但如果看看一个国家不同时期的情况，会发现人均 GDP 水平的提高并不能转化成幸福的增加。**一些经济学家注意到，产生这个悖论的原因是统计的本质：GDP 是一个人为的数据，它可以无限度地增长，而幸福（人们通过调查或日记反映出来）的程度却有上限。**两者之间的关系好比 GDP 和身高、寿命的关系：紧密关联，但不是长时间成比例关系。[30] 当人们记起经济衰退时，只要 GDP 下降一点点，就会导致他们不快乐，就更容易理解 GDP 增长并不增进幸福这种提法的荒谬之处。而且，生产率随着时间不断提高，GDP 就会增长以抑制失业率的上升，而高企的失业率也是人们不快乐的根源。

因此，这个看似显而易见的结论根源于错误理解，他们没有搞清楚在幸福和 GDP 之间建立关联的数据类型。“幸福”通过调查得以衡量，调查对象被要求在 1 ~ 3 或者 1 ~ 10 的数值范围内评定自己的感受等级。其结果永远不会超过数值范围的上限，哪怕数据积累已经达几个世纪之多。GDP 是一个构造起来的统计，它可以无限制地增长。如果你画一条上升幅度极其平缓的线条，和一条每年稳步上升 2% ~ 3% 的线条，这两条线看上去毫无关联，但实际上并不是这样的。**一些更新的研究表明，人们反馈的幸福与人均 GDP 的逐年变化或增长存在很强的正相关关系。**

有一种观点有效地指出了通过 GDP 衡量的经济发展不能准确反映福祉或社会福利。（我不打算使用社会福利这个术语，但请记住，它指的并不是福利性支出。）在儿童读物《狮子、女巫和魔衣柜》（*The Lion, the Witch, and the Wardrobe*）中，白色巫婆用施了魔法的土耳其快乐糖引诱埃德蒙。一旦他吃了一颗，他就无法拒绝更多的糖。**消费主义也会让人上瘾。心理学对无意义竞争和消费主义提出了洞见。实验证据显示，大多数人对地位以及相对收入的关心超过了对绝对收入水平的关心。**由托斯丹·凡勃伦（Thorstein Veblen）命名的“炫耀性消费”无异于一场身份地位的军备竞赛，在过去的四分之一世纪里人们用剩余的公司薪水纵情享乐。而且，人们从额外收入及消费中获得的满足感很快消逝，这让他们就像故事中的埃德蒙那样，渴望另一次的享乐满足。享乐适应症就是用来解释这种现象的相关术语。

如果金钱是一种瘾，那么有人认为必须戒掉这个瘾才能对社会有所帮助，也就不足为怪了。罗伯特·弗兰克（Robert Frank）和理查德·莱亚德（Richard Layard）等经济学家主张对奢侈品购买征税。另一项政策建议更有吸引力：我们应该衡量的是幸福，而不是 GDP。英国还开展了一场幸福运动。政府紧跟潮流，命令国家统计署开展一项调查，衡量整个国家的幸福水平。[31] 奇怪的是，不丹国王拥有许多铁杆粉丝，因为他声称自己将努力提高国民幸福总水平，而不丹是全世界最贫穷的国家之一。

衡量幸福的潮流通过两种方法获取证据。第一种方法是理查德·伊斯特林在他的原创论文中用过的自上而下的经济资料汇总。其他研究关注人们在调查中反馈的幸福水平和他们的个人情况之间的统计联系，这些个人情况包括：他们婚否？是否拥有职业？健康状况如何？调查结果明显地令人欣慰。有工作、已婚、健康或有宗教信仰的人，具有更高的幸福感。人们愿意花时间陪伴自己的家人、朋友，不喜欢和老板在一起，厌恶通勤。幸福有一个生命周期：一般来说，人们在中年时期最不幸福（“中年”在英国为 36 岁，在葡萄牙为 66 岁）。[32] 女性一般较男性更幸福，尽管这种相对优势在几十年里有所减少。然而，在这些结果中是否含有那么多的政策暗示尚不明确。我们都知道，当失业率上升时，选民会憎恶政府。政府也不能通过强制人们结婚和去教堂来扩大幸福感。这些研究中获得的最重要的实用性新发现就是，精神性不健康是不幸福的重要原因。然而，几乎所有国家的公共健康政策对它的重视程度都很低。

不过，不管怎样，幸福潮流的实验性证据还是偏弱。一旦国家已经充分富裕，那么追求更多的经济增长就是愚蠢的，这种想法引起了共鸣。不过，我们必须清楚，GDP 不是，也从没有打算要成为衡量国民幸福的标准。经济学家一再地告诫过他们自己和其他人，不要把两者混为一谈。例如，著名的经济周期和经济增长研究专家摩西·阿布拉莫维奇（Moses

Abramowitz）在 1959 年谈道：“我们要高度质疑这个观点，就是说福利增长率的长期变化，可以通过产出增长率的变化来进行粗略的测算。”然而尽管有如此种种提醒，经济学家们和政治家们还常常给人们制造出 GDP 和福利或多或少是一回事的印象。政策制定者们应该追求的是福利或福祉，而不是更多的于己有利的 GDP。“经济学家们都对此心知肚明，但他们还是每天都把 GNP 作为衡量经济表现的标准尺度，这很显然会传达出这样一种印象，即他们就是 GNP 的狂热崇拜者。”经济学家威廉·诺德豪斯和詹姆斯·托宾（James Tobin）说道。[33]

除此以外，在 GDP 诞生的早期，有过关于是否应该衡量福利而不是 GDP 的争论，正如我们在第 1 章中见到的那样，自那时开始有关这个问题的争论就绵延不绝。西蒙·库茨涅茨在 20 世纪 30 年代时从事国民收入测量工作，他这样写道：

> 在估算国民收入总量时剔除某些成分是非常必要的，因为从一种更加开明的而不是急功近利的社会哲学角度来看，这些成分对增进国民福利而言无所裨益。此类估算应该从现有的国民收入总量中扣除所有军备开支、大部分的广告费支出和大量金融及投机性活动所涉及的费用。另外，或许也是最为重要的，就是剔除为了克服困难而不得不做出的开支，这些开

支确切地说是人类经济文明中的隐性成本。在人类的都市文明中，通常有一些花费巨大的事物，比如地铁系统、豪宅等。根据它们的市场收益率，我们可以算出其净产出，并归入国民收入的估算中。然而，这绝不代表对组成国家的每个人而言它们都是净服务。根据他们的观点，这些都是为了生活而存在的该死的必需品。[34]

实际上，这些年里出现过无数的提议，主张开发一种福利指标，以抗衡仅仅衡量产出的 GDP 统计。有一种指标被经济学家们广泛使用，尤其是在讨论发展中国家的时候，它就是人类发展指数；我们已在第 1 章中涉及。在这个指数排名中，被置于顶部或接近于顶部位置的是斯堪的纳维亚国家，而不是美国；有些中等收入国家比如印度，由于贫困广泛存在和健康状况较差，排名位置要低于单独用其人均 GDP 时的排位。人类发展指数于 1990 年首次发布，并作为衡量国民福利的有用的单一指标而被经济学家们广泛采用。

环境关切也推动了很多替代性方案的出现，它们特别有针对性的观点是，以某种方式对环境不利的事情，会对 GDP 有利。例如，在污染治理设备上的投入会增加 GDP，同样，在石油或天然气开采上的投资也会推高 GDP。GDP 不对污染的负面效应负责，也不对自然资源的损耗负责。

试图用一个指标来解决这些问题的典型例子是经济福利标准（MEW）。它是由威廉·诺德豪斯和詹姆斯·托宾在 1972 年提出的，目的是应对研究环境问题专家保罗·埃尔利希带来的知识挑战。他们以 3 种方式调整了 GNP（而不是从 GDP 着手）：将所有支出归入消费、投资或中间物；考虑休闲和家务劳动的价值，以及消费者对资本货物的投资收益；针对所谓的“城市化的消极结果”进行校正。[35] 他们的计算显示，在第二次世界大战后的美国，MEW 的增长要略慢于 GNP。然而，他们得出的结论是 GNP 已经足够好了：“增长过时了吗？我们认为不是。尽管 GNP 和其他国民收入总量不能很好地衡量福利，但在纠正了最明显的缺陷之后，它们依然能够反映长期发展的面貌。”

这个结论并没有说服环保主义者，开发其他替代性方法的努力还在继续。其中，最著名的一个是可持续经济福利指标（ISEW），它由赫尔曼·达利（Herman Daly）和约翰·柯布（John Cobb）于 1989 年提出。这个指标在 20 世纪 90 年代的时候，发展成了真实发展指数（GPI）。两者都是以计入 GDP 统计的消费支出为基础，增加了某种家庭生产，扣除了国防开支、犯罪、环境恶化成本以及资源使用等一系列项目。这些指标在美国、英国等一些国家得到了应用，其定义的方法决定了它们的增长几乎一直都会慢于实际 GDP 的增长。你自己也可以在允许建立个人可持续经济福利指标的网站上进行尝试，根据自己的优先级给予不同成分一定的权重。不管我使用什么样的权重，总是不能将这个指标同 GDP 相匹配。[36] 此外，让每个人有能力建立自己的政策目标是有用的，搞清楚他们更关注犯罪率还是清洁河流，就能使他们明确下一次选举时自己应该投票给谁。不过，对外公布的官方统计数据必须是客观的，非个人化的。

这些替代性指标也有问题，因为它们仅仅从测量过的 GDP 中减扣项目。除了增加家庭生产的价值外，它们应该上调测量值，以便考虑源于创新的改进和提高。不过，要衡量这些的确很困难。如何估算 20 世纪 40 年代的抗生素、中央暖气系统和空调，以及因特网和移动电话对社会福利带来的影响？之前，我们已经看到了要体现 GDP 中某些项目的质量改进有多么困难。在本书第 6 章，笔者将再次述及如何衡量创新及现有产品和服务的丰富性这个具有挑战性问题。现在，是时候承认，正如经济历史学家布拉德·迪隆（Brad Delony）指出的那样：“现代增长的速度已经快得离谱了。”[37]

虽然 GDP 没有直接测量福利，但它对此亦有贡献，而且它与诸如预期寿命、婴儿死亡率等对人类福祉有确定影响的项目高度相关。相比目前的 GDP 定义，有些相对严格定义的调整可以提供一种与福利接近得多的测量标准。经济学家马丁·韦茨曼（Martin Weitzman）建议使用国民生产净值（NNP），他表示这是一国资本所产生的收益，因此代表了最高可持续消费率。如果它小于实际消费，那么这个社会已经入不敷出，资金耗尽。尼古拉斯·奥尔顿（Nicholas Oulton）主张对 GDP 统计进行完善而不是废弃，他提出了一些其他的改进建议。其中最重要的一项是加入环境资本：“例如，英国的国民经济核算中包含了矿物油勘探，作为总投资的一部分，但石油和天然气存量在开采过程中的损耗未计入折旧之中，因此 NNP 就被夸大了。”奥尔顿这样说道。[38] 在另一方面他提到，传统的国民经济核算忽略了，创新和生产力进步可以某种方式提高从一定量的资本（金融、物质及自然）中持续消费的总量。这个问题获得的关注度越来越高，未来的经济测量方法必须将其纳入考虑范围。

指标仪表板：

衡量社会整体福利的新方法

法国前总统尼古拉·萨科齐邀请两位诺贝尔经济学奖得主约瑟夫·斯蒂格利茨和阿马蒂亚·森，与法国经济学家让–保罗·高缇耶一起对经济统计数据进行了一次全面评估。他们组成的委员会悉心研究了各种 GDP 的替代性方案，最终得出结论，更好的做法不是试图把各种不同的数据结合为一个指标，而是收集和公布一系列指标的统计数据。

与此同时，有一种衡量经济发展的替代性方法也产生了一些影响，它就是指标“仪表板”的理念。法国前总统尼古拉·萨科齐邀请两位诺贝尔经济学奖得主约瑟夫·斯蒂格利茨和阿马蒂亚·森，与法国经济学家让–保罗·高缇耶（Jean-Paul Fitoussi）一起对经济统计数据进行了一次全面评估。他们组成的委员会悉心研究了本章归纳的所有关于开发 GDP 替代性方案的争论，最终得出结论，更好的做法不是试图把各种不同的数据结合为一个指标，而是收集和公布一系列指标的统计数据。这些指标通常被认为与社会福利是密切相关的。[39]

有些国家的官方统计机构早就采用了这种仪表板法。笔者喜欢澳大利亚每年发布的《澳大利亚发展指数》，因为它咨询了本国公民最希望被包含在内测量数据。当然，其他的例子也是存在的。目前，最复杂的仪表板莫过于经济合作与发展组织的美好生活指数（http://www.oecdbetterlifeindex.org/），它形象地展示了根据收入、工作生活平衡、住房、环境等 11 个构成因素进行的各个国家的相对排名。权重很容易改变，而且根据哪种成分获得了更多的权重，可以很容易地比较各个国家的进展情况。美好生活指标不能作为宏观经济政策的工具，但它确实用一种易于理解的方式展现了不同结果之间的权衡取舍。对于鼓励公开讨论不是只顾短期增长，而是考虑可持续发展。对经济政策而言，这是重要的一步。然而不幸的是，现在依然没有证据显示这种仪表板法在政治辩论中可以取代 GDP 增长的首要地位。

GDP
A BRIEF
AFFECTIONATE
ORY A BRIEF
HISTORY A BRIEF
AFFECTIONATE HISTORY
CTIONATE
A BRIEF
A BRIEF
A BRIEF
GDP GDP
GDP
HISTORY GD
A BRIE
AFFECTIONATE
HISTORY
GDP GDP
BUT
BUT
BU
A BRIEF
BUT
HISTORY
AFFECTIONATE
AFFECTIONATE
BUT

06 新方向

21 世纪的 GDP

（未来）

GDP本质上是工业革命时代的产物，主要针对物质化生产的经济体系而设计。在新技术和服务业蓬勃发展的今天，对于它的修正无疑非常有必要。不过，它归根结底是衡量经济总产出的指标，尽管与社会福利有密切关系，但不能苛求它能准确地测量出后者的真实水平。

本书已经描述了 GDP 的起源和演变，在媒体上和在经济政策领域内，它一直是衡量经济表现的首要方法。GDP 是一种比较现代的衡量经济产出规模的手段，它在很多重要方面不同于先前使用过的方法。例如，早期的“国民收入”定义中不包含政府支出，因为在 19 世纪晚期和 20 世纪早期之前，政府的功用非常有限。为战争付账，或出资建立司法体制，被认为是降低国民收入的讨厌的必需品，而不是对经济的正向贡献。

尽管为第二次世界大战付账触发了现代 GDP 定义的诞生，20 世纪 30 年代之后，政府也开始进行更加集体性的消费和投资，以我们整体的名义将纳税人的钱用于服务和转移，或者进行道路和其他基础设施的建设。大萧条的经历已经很自然地将政治的注意力聚焦于经济产出的增长究竟有多快或者没有多快，政府希望既能对此进行测量又能施加影响。GDP 和收集国民经济核算的统计数据与宏观经济政策的发展变化存在紧密的关联，政府通过使用税收、政府支出、货币和利率等工具来对经济增长施加影响。

GDP 的构建，连同为此目的而进行的必要的原始统计数据的收集，并不是简单的事情，即便是在经济不如现在复杂的早期也是如此。在上百个国家中创建国民经济核算，耗费了好几十年，而经济学家和统计人员创建和改善跨时期、不同国家间比较 GDP 的方法，差不多花了同样长的时间。根据通货膨胀率调整美元 GDP 或名义 GDP,以便提供“实际”GDP，是进行比较的一个基本步骤。不断提高的产品质量，层出不穷的新产品和服务，都使得有意义的物价总水平计算难度加大：虽然购买价格相同，但今天的笔记本电脑与几年前买的那台已经很不一样了，而且计算的价格在几十年前是无限大的，因为当时并没有计算机。这种转变很难用一种单一的价格指数来充分体现。从一种货币转换成另一种货币也是一项复杂的工作，因为国与国的经济结构差异巨大，消费者的支出对象也是各不相同。因此，经济表现的国际比较并非易事（并不是说这已经让经济学家们知难而退了），很可能我们对不同时期、不同经济体的增长状况的认识是错误的。

在过去的几十年里，国民经济核算方面的专家也力图改善他们的工作，以应对更多的挑战。不断高涨的环保意识，贫困国家的人均 GDP 没办法充分反映经济增长，诸如此类的问题都刺激了人们对替代性指标的兴趣。一项古老的辩论再次开启，即是否应该让福利标准替代 GDP 成为经济政策的目标。

经济危机是使人们对替代性测量产生兴趣的另一个原因。大萧条和第二次世界大战接踵而至，给人们带来了 GDP，使之替代了先前关于“经济”的种种概念及其测量方法。20 世纪 70 年代中期的危机与新出现的环境运动逐渐形成合力，尽管要取得成果还要等 10 年左右的时间，但这已促发了人们对新型指标的第一波兴趣。当前的这场危机催生了一系列替代性指标方案，比如“幸福”、福利指标以及仪表板法等，更别提深刻质疑目前标准的计算金融服务经济贡献的方法了。

因为经济危机，我们是否该把 GDP 抛在一边，并转向一种理解和衡量“经济”的新途径？在最后一章里，笔者的结论是我们不应该草率地抛弃 GDP。不过，作为一种经济测量手段，它显然更适合之前的时代。“GDP 统计是为大规模生产而设计的。它只做简单的计算，加总产出的数量。显然，对于无形价值，它是无法衡量的……没有人说过数量是生活的调味品。”达拉斯联邦储备银行提出了这样的观点。[1] 因此，我也想关注三个问题，它们显示着我们可能要及时采用一种不同的统计方法。经济的特征变化不定，衡量它的方法也要随之而变。尽管对于本书来说，我们究竟应该用哪种新方法来思考“经济”，这个问题有点太大了。

这三个问题如下：

- 当前经济的复杂程度。创新、新产品及服务的推出速度，全球化以及在复杂的全球生产链中商品的生产方式，这些都反映出了当前经济的复杂程度大大提高。
- 服务和“无形资产”在发达国家的经济中的份额持续增长。其中包括不作价的线上活动，并不是有形的物质产品构成，因此无法分离质量和数量，甚至根本无法考虑数量。
- 可持续性问题的紧迫性。它要求对资源和资产的损耗投入更多的关注，因为它已经在削弱未来 GDP 的增长潜力。

复杂性激增，产品定制时代的到来

1998 年，美国电视频道的数量为 185 个，通过柜台销售的止痛片达到 141 种，软饮料品牌数为 87 个。这些数据均比 1970 年有了大幅度提高，当时美国只有 5 个电视频道，5 种止痛片，20 种软饮料。1998 年，美国的早餐麦片品种从 1970 年的 160 种增加到 340 种，瓶装水品牌从当时的 16 种增加到 50 种。个人电脑的种类 28 年里从零增长到 400 种，而网站的数量更是从零激增到了 500 万个。[2] 之前，本书已提到过所有发达经济体的 GDP 所包含的商品和服务的种类在增加。上面列出的这些具体的对比，只是为了显示丰富性增长达到了一个多么引人注目的程度。**丰富性的确可以被视为经济发展的重要指标之一。贫穷就意味着选择的稀少，而脱贫对应的就是可能性的增多。**从这一观点来看，经济发展就是增强个人能力或技能以便利用机会，同时兼顾扩大人们可获得的机遇和选择的种类。经济发展也意味着更多的自由。其表征之一就是，经济中可供使用的产品及服务更加丰富，不管它是微不足道还是至关重要。[3]

然而，现有产品究竟有多少种不同的类型，要想统计这方面的内容是非常困难的。达拉斯联邦储备银行 1998 年的年度报告直到现在还是为数不多可用于估算的资料之一，上述数据就来自于那份报告。统计困难的主要原因很简单，官方统计机构不收集这些数据。发给企业的调查问卷问的是产出的数量，如一家鞋厂生产多少双鞋、以什么样的价格出售等，但是不问有多少种款式。因此，官方数据提供的是总分类“鞋”。我要选择的是高科技步行靴，能缓冲膝盖和脚踝压力的跑步鞋、素食鞋，走路时能锻炼大腿的鞋，艳丽的红色高跟鞋，不好看但超级舒适的凉鞋，或者我自己在卖家的网站上设计的运动鞋等，这些都没有在统计数据中显示出来。

不过，就算没有进行统计，我们每天用到的产品和服务种类正在不断丰富，这一点还是显而易见的。我们甚至还能对所购商品进行越来越多的个性化定制，从鞋到戴尔电脑，定制是丰富性的极致，每个产品都各不相同。连抗癌药及治疗其他疾病的药品都有希望根据每个病人的遗传密码量身定制。人们既可以看到种类增加的具体例子（比如出版的图书书名数量，或者早餐麦片的品种数量），也不难发现随之而来的消费者福利的提升。

那么，这对于 GDP 会造成什么影响呢？设想一个就餐的地方。当我制作一把刀、叉子和勺子，或者 3 把勺子的时候，我对 GDP 的贡献是一样的吗？ GDP 只计算商品的数量。

由于无法充分体现经济中产品种类的增长，GDP 低估了发展。对于衡量创新和定制而言，这是一种拙劣的方法，极大地低估了它们。GDP 统计也完全忽略了另一种类别，但它的重要性越来越突出，这就是预防性产品和服务。以无人驾驶汽车为例，一辆这样的汽车对 GDP 的拉动作用将和其他任何一种汽车一样大，如果统计人员能够根据它的质量改进情况，通过计算特征价格指数来进行调整的话，那么它对 GDP 的提升作用或者还可能更大。归根结底，无人驾驶汽车能让人解放手脚，休息放松。不过，GDP 根本体现不出无人驾驶汽车的普及会降低交通事故这样的好处，假设它们能够达到期望中的效果的话。

在第 5 章中，我提到过 GDP 和福利之间虽然有差别，但又有很强的关联性。选择增多或者定制增加的趋势增大了两个概念之间的分歧。“我们可能看不到更快的增长速度或者生产力的飞升，但大众化定制将给美国带来好处。为了揣测客户需要什么，我们浪费了太多资源。显然，当更多的商品实现个性化定制之后，人们就不用再砸钱生产闲置在衣柜里的不合体的衣服，或者只有一两首歌受欢迎的激光唱片了，商品也不会在经销商的货架上积压老化了。达到更高的生活水平，而对自然资源和劳动力资源的索求却更少，这将有助于减轻价格压力，保持这 10 年来合理的通胀水平。”达拉斯联邦储备银行的经济学家们在 1998 年这样写道。[4] 他们在读者眼前炫示过的“大众化定制”前景正在变成现实，其中包括电视节目点播，这样观众就能自己决定晚上看些什么，而不是被动地接受电视台的决定；也包括为中端市场的大量客户量身定制衣服，而不是仅仅瞄准少数富人。

随着经济复杂程度的提高，出现了一个个的统计难题，因为大多数商品现如今在全球供应链中“制造”出来。零部件在一些国家制造，运到世界另一个地方进行装配，然后再运回目标市场。很多商品都是这样“制造”出来的，不管它简单得像衬衣，还是复杂得像苹果手机。[5] 中国当然是这些全球供应链上的主要装配国，但是其他的亚洲国家以及它们的美洲竞争者，如巴西和墨西哥，如今发展势头也非常迅猛。

然而，当外包情况出现时，价格指数不能显示价格的大幅度下降，因此进口价格明显夸大，而进口数量却被低估。[6] 此外，贸易统计数据并没有剔除中间阶段：从中国进口到美国的苹果手机，其全部价值都计入美国的国际收支经常账户。一项关于统计的研究指出：“传统的贸易记录手段无法反映实际的价值链分配，而且它对双边贸易关系的描述也是扭曲的。中美双边贸易不平衡已经被显著夸大了。”[7] 附加值贸易统计现在已经有了，对它们的研究很可能会改变人们对世界经济形势的总体认识。

免费的服务该记入 GDP 吗

如果经济学家们愿意玩一场字词联想游戏，那么一听到生产率这个词时，脑子里跳出来的将会是谜。笔者已经引用过1987 年罗伯特·索洛提出的著名的生产力悖论：“我们到处都看得见计算机，就是在生产率统计方面看不见计算机。”我们在第 5 章中已经讨论过，从 20 世纪 90 年代中期开始到 2001 年的新经济时代，的确可以在官方数据中看到生产率增长加速，尽管在后危机经济中再次减速。不过，一个不同的“谜”或许已经在英国浮现：虽然从 2008 年开始 GDP 几乎是零增长，就业率却上升了。按照定义，这意味着生产率没有提高。[8]

为什么生产率令人迷惑不解呢？

这是因为经济中包含的物质产品越来越少——GDP 作为经济衡量手段所面临的第二个越来越严重的问题。[9] 相对而言，当人们可以统计从工厂中运出来的汽车、冰箱、钉子或微波食品数量的时候，经济产出是容易测量的。但是，诸如护士、会计师、庭院设计师、音乐人、软件开发员、健康服务助理等职业，这些人的产出又如何计量呢？唯一的办法是统计这些人的数量有多大，他们为多少“客户”提供了服务，但这样做就完全忽视了服务的质量，而质量又是非常重要的。

正如“产出”这个概念最适合由物质产品而不是服务所主导的经济，特别是大规模生产实体产品的经济，“生产率”这个概念也是如此。生产率一般来说意味着效率或有效性。经济学家实际使用的生产率定义是每单位投入的产出量。投入包括劳动力、资本、土地及物质资源。通常，经济学家会谈论劳动生产率，因为工人数量容易统计，而资本计算起来就困难得多。因此，在这个定义上，生产率指的是每个工人的生产量，或者工人的人均 GDP（或者更准确地说是每人每小时产生多少 GDP）。

这对于洗衣机或盒装早餐麦片来说是适合的。可是，在美国和欧盟国家的 GDP 中，物质产品只占一小部分。对于所有像我们这样的文职人员来说，衡量我们的生产率显然是困难的，但它一定没有在机构的产出中很好地体现出来。产出会根据不同时期的员工加薪情况进行调整以便提供一个实际的测量值，然后再除以雇员数量，这就是基于 GDP 的方法。我们工作的质量是“产出”的内在组成部分。或者以护士为例：如果他们每天护理更多的病人，或者在更少的病人身上花更多的时间照顾，那么他们的生产率是否提高了呢？这取决于他们当天的工作究竟是怎样的（血液化验取样，或护理重症病人），也取决于他们工作的成效（病人的病情是否加快好转了，或者有没有感觉到受到了更多的关心）。再举一个例子，如果一个音乐家以两倍的速度弹奏莫扎特协奏曲，相同时间内的表演次数就达两倍之多，常规统计会认为其生产率提高了。[10] 经济学家威廉·鲍莫尔（William Baumol）很久以前就发现表演艺术对生产率构成了严重挑战，这一点也适应于其他服务，例如医疗保健等。

同样的现象也出现在越来越依靠创造性的数字化经济中。技术专家凯文·凯利（Kevin Kelly）这样写道：

> 从来没有人建议过，毕加索应该在每幅画上减少创作时间，以便增加个人财富或者改善经济。生产率这个概念显然不能衡量它为经济带来的最大价值。通常，任何一个可以用生产率进行度量的工作，比如每小时的产出，我们都希望可以通过自动化操作来完成。简而言之，生产率是属于机器人的。人类确实容易浪费时间，去尝试、玩耍、创造以及探索。在生产率的监控下，这些活动无一能够顺利开展。这就是科学和艺术要获得资金是如此困难的原因，但它们也是长期发展的基础。[11]

人们发现，要思考清楚生产率几乎不可能的事。对于现在许多由人承担的工作，凯利认为在未来应该交给机器人来做。然而，最近有些经济学家却对自动化程度的提高忧心忡忡。麻省理工学院经济学家埃里克·布林约尔松和安德鲁·麦卡菲合著的《与机器赛跑》（*Race Against the Machine*）一书出版之后，保罗·克鲁格曼也介入了这场争论。克鲁格曼在其《纽约时报》的专栏中写道："这些例子中最引人注目的是，许多被机器替代的工作是高技能、高工资的，技术所带来的负面效应，影响的并不仅仅是从事低端工作的人。而且，创新和进步真的会伤害大批的工人甚至是所有工人吗？我常常听到有人断言，这种情况不会出现。但事实上，它是会发生的，而且严肃的经济学家意识到这种情况的可能性已经差不多有两个世纪了。"[12] 的确，它第一次发生在工业革命时期，当时的熟练技术工人是新型织布机和工厂的最大受害者。因此，只要想到对裁员的影响，我们就会反感生产率的提高。

然而，今天的"机器人程序"对工人工作的剥夺以及对收入分配的影响，与 19 世纪那些由蒸汽驱动的工厂并无二致。机器人是新型资本设备，它的普及最初犒赏的将会是这种资本的所有者。不过，总有一天，每个劳动者将会用更多的资本来完成他们的工作，正如一个织工用机械织布机可以比自己的手摇织布机织出更多的布。这将直接转化为更高的劳动生产率以及更高的工资。这一切的前提是，工人们会掌握更多必要的技能，而社会上开发出了必要的收入分配管理工具。不管机器人是多么聪明过人，机械化和机器人化都不是新生事物，也不是不寻常的现象。它们不过是最新一代的资本设备，能让工人拥有更多的资本来改善生产能力。最终，生产性投资会驱动长期的经济发展，更高的收入也将随之而来，而收入如何分配是一个社会政治性的挑战。从长远来看，机器或机器人能够接替人的工作，将人类从只有他们能做的工作中解放出来，这是一件好事。它将让工作给很多人带来更本质的酬赏。

然而，我并不认为在没有“产品”的情况下，人们真正学会了该如何思考生产率提高意味着什么，或者该如何分享它的收益。伴随着与数字技术相关的生产率的提高，收入不平等状况正在加剧，这表明到目前为止收益并没有得到非常广泛的分享。这就解释了为什么关于数字化设备和机器的资本投资潮对工作、收入、分配的影响，经济学家们会争论不休，令人无所适从。

与此有关的问题是，如何解释某种特定类型的无形产品或服务的价值，比如在线音乐、搜索引擎、应用程序、众包百科等纯粹的数字产品。通常它们都是免费的，而没有市场价格它们就不会体现在 GDP 统计中。正如埃里克·布林约尔松和亚当·桑德斯所指出的：“我们到处都看得见信息时代的影响，就是在 GDP 统计中看不见它。”这是向罗伯特·索洛关于计算机的著名言论的一次致敬。[13] 因此，举个例子，尽管唱片业的市场规模在不断萎缩，但人们花在听音乐上的时间肯定更多了，而不是更少了。**消费者的购买花费和从中获得的**

价值之间的差距被称为"消费者盈余"，随着网上免费的产品和服务越来越流行，消费者盈余正在扩大。[14] 这是引发人们思考 GDP 所衡量的内容和总体经济福利之间越来越大的差异时，这构成了另一个原因。更糟的是，GDP 统计扭曲了经济的真实状况。例如，美国经济分析局估计，自从 2011 年第二季度以来，在扣除物价因素后，美国国民接入互联网的花费下降了。这真有点荒谬。麻省理工学院的经济学家埃里·布林约尔松指出，信息产业（如软件、电视、广播、电影、电信、数据处理、出版等）在官方 GDP 统计数据中的占比与 25 年前相同，都是 4%。他和他的合著者吴周熙（JooHee Oh）估计，10 年来，消费者平均每年从使用 Facebook、维基百科、Craigslists 和谷歌等免费线上服务中获得的价值实际上达到了 3 000 亿美元。[15] 谷歌公司首席经济学家哈尔·范里安（Hal Varian）测算，谷歌公司每年为用户提供价值 1 500 亿美元的免费搜索服务，他当然会这么说，但他的计算是合理的。经济学家迈克·曼德尔（Michael Mandel）曾预计"数据"或信息会成为常规的产品和服务类别之外的第三种类别。在他对美国官方的 GDP 统计数据进行调整后，该国 2012 年的实际 GDP 增加了 0.6%，这个差异非同小可，要知道强大的复合算法会让这类数据上的小小改变，在若干年后产生巨大的影响。[16]

官方统计人员需要开始考虑如何更好地计量"信息"或电

子产品的生产和消费，它们显然给消费者带来了价值。因为GDP 衡量的仅为货币性交易，新的“免费”商业模式并没有得到充分的计量，不收取费用却给消费者带来好处的新型服务也没有被测量。从公共图书馆到郊野漫步，免费却有价值的活动从来都有，但现在不同的是，非货币性活动已同商业活动广泛地交织在一起，这使得产生 GDP 定义的生产界限概念具有了内在的模糊性。

可持续性该如何衡量

与 GDP 有关的第三个新问题就是，它考虑产品和服务产出随时间增长，但没有充分说明现在的增长是否以透支未来的增长为代价。显然，这个问题在棘手性上丝毫不比前两个逊色。GDP 统计并不扣除实物资产的贬值（“资本消耗”），但这是一种精密的指标，可以显示如果一直像现在这样以减少未来消费的方式进行消费，我们距离资本耗尽还有多远。

这种统计忽略了一个方面，就是资本的实物存量（如机器、运输设备、建筑物等）必须要以大于实际所需的程度实现增长，这仅是为了补偿现有存量的贬值。如果要维持现有的人均消费水平，就必须进行额外的投资，以便同人口增长保持同步。归根结底，这才是重要的事情，而不是 GDP 的总规模。在经济学的专门术语中，这被称为“资本扩大”。此外，如果要考虑创新和技术进步的因素，那么纳入“必需的”额外投资指标以实施创新是否就必不可少呢？威廉·诺德豪斯和詹姆斯·托宾认为：“当发展就是简单的人口和劳动力增加的时候，资本扩大的原则是足够清楚的。在具有技术进步的经济中，它的适用性就不清楚了。的确，国民收入的概念现在变得模糊不清。资本扩大的需求是否应该被解释成资本须同产品和技术保持同步，而不仅仅只是劳动力？”[17] 在高度创新驱动的经济中，这个问题越来越具有紧迫性。

国际上最新的国民经济核算标准 SNA2008 试图解决一部分这样的问题。美国是第一个实施该标准提出的改进建议的国家，包括将研发支出计算为投资而不是企业成本，以及估算好莱坞电影和音乐等“艺术原创作品”的投资价值。遵循这种思路的统计方法在 2007 年实施时就使得美国的 GDP 一次性提高了 2%，而在 2013 年中期公布的 GDP 的数据提高幅度则更大，达到了 3.4%。国民经济核算体系 SNA2008 的使用手册解释说：“很多这样的资产与以某种方式建立的知识产权有关，它们常常被视为‘新经济’的标志。”

然而，这些有关资产投资处理的问题仅仅是可持续性的一个方面，关于可持续性还有其他的认识维度。可持续性这个词常常指的是 GDP 年复一年的增长对自然资源的消耗，或以其他方式对环境的破坏究竟达到了何种程度。现有的国民经济核算所需要作出的最重要的改进就是，如何实现新资产投资和现有资产消耗及贬值之间的平衡。实现不了这样的平衡，那么我们虽然可以知道目前的经济增长速度，但是无从得知这样的发展未来能否持续下去。韦茨曼—奥尔顿法的优点在于仅对现有的统计适当做一些简单的改变。更加全面，但也更野心勃勃和困难重重的方法，是开发一种“综合财富”衡量法，以涵盖全部的国家资产及其逐年变化的情况，这无疑将更加重视真正的可持续性指标所必需的环境措施。[18]

应该说，官方统计人员已经给予了环境措施越来越多的关注，从二氧化碳排放、水质到矿产资源的开采。2012 年，联合国统计委员会采用了一种新的国际统计标准——环境经济核算体系 SEEA，它具有和国民经济核算体系 SNA 同等的地位。多年来，一些国家一直在公布环境的“卫星账户”，尽管很难确定它们会对环境政策的决策产生什么直接的影响。只要政治竞赛的焦点还在经济发展上，那么一组被称为“卫星账户”的统计数据就不可能具有什么影响力。而笔者认为他们一直都会这样。

虽然，很多的国家统计部门在非常费心地收集环境统计资料，供感兴趣和关心环境问题的人查阅，但大多数人对这类数据库没有足够的兴趣，使用起来也缺乏专业性。如果制定政策时，当权者会考虑经济发展的环境影响，以及目前的发展在多大程度上是以牺牲未来的发展为代价的，那么自然折旧也需要同机器和道路折旧一样被计入 GDP。

可持续性意味着将来的人们应该获得必需品，而且应该能保证他们的生活水平起码不低于我们。为了能够评估目前的 GDP 的增长是否可持续，就要考虑不同类型的资产。其中很明显的一类是包括基础设施在内的实物资产测量。这是常规 GDP 定义中“投资”的含义，它从属于资本扩大的问题。另一类是自然资产，其中既包括石油储量等明显有价值的资源，也包括价值不显见的清洁空气和稳定的气候。

第三种资产类型是经济学家们所称的“人力资本”，而发展经济学家可能会称之为“能力”。换句话说就是，一个人为利用他有权处理的其他资产而做了怎样的准备？他们的受教育程度如何，实际技能水平如何，或者他们的创造和创新能力如何？另一种可能是有所关联的资产类型，就是“社会资本”。这是一种不容易定义的概念，它要体现的是人们在多大程度上能够通过政治和其他机构来组织群体性的行动，以达到发展经济的目的。这与其他一些概念有所重叠，比如文化。虽然，它很难定义，也不容易测量，但它对经济发展有明显的影响。在众多例子中举一例，继承了英国法律框架的前殖民地国家，相比那些继承了法国法律框架的殖民地国家，有更快的发展速度，更高的人均收入。法律传统也是社会资本的贡献因素之一。常规统计都未涵盖在人力资本和社会资本上的投资，尽管在有些“投入”上的支出，比如教育支出是被统计在内的。有些概念起初很难准确理解，但它们很重要，这也是可以理解的。一个国家不应该吝惜为了增进人的能力和社会资本而牺牲该年的一部分 GDP 增长。

有些国家政府，尽管并不充分，会计算代际账户，并根据人口的年龄结构，从这些账户中得知支出政策的未来成本，以及税收收入是否充裕。世界银行已经开始了“综合财富”的测量工作，这种财富中包括自然资产、“人力资本”（人们的技能和能力水平），也包括物质性基础设施。我们已经在第 5 章中提到过一种替代性的方法，即马丁·韦茨曼的国民生产净值，它来自于标准的 GDP 及相关统计数据，衡量的是该国最高可持续消费水平。[19] 它不包括对环境存量的投资和消耗。例如，英国国民经济核算包括作为总投资一部分的矿物油勘探，石油和天然气存量的萃取消耗未被计入折旧贬值中，因此国内生产净值数据有夸大的成分。但国民生产净值是可以进行修正的，以便针对上述问题进行调整。[20]

结论——我们到底需要什么样的国家统计

有关经济的公众讨论总是无一例外地指向 GDP，因此人们对这个术语已经熟悉到不会再去深入思考一下。构建这些统计数据所涉及的种种复杂性和挑战都被掩盖起来了，它是我们用来表现经济运行状况的速记法。

经济发展是至关重要的，原因本书已经陈述。它是人类福祉的重要贡献力量，尽管它肯定不是唯一的。由于这个原因，它也具有重大的政治意义。没有经济发展，就没有足够的工作来将失业率控制在可以容忍的水平。经济的蛋糕如果不做大，收入的重新分配是不可能的。[21] 一旦发展停滞，民主将更加脆弱。直到目前，还没有出现可以替代 GDP 的经济发展测量方法。

当然，它也不是美玉无瑕。本书的后面几章已经阐述了 GDP 的一些弊端，也列举了一些补充性的或替代性的方法。这其中包括，将人类发展指数视为一种更宽泛的指标，采取指标“仪表板”法，建立定期的时间使用调查，以便计算家庭生产和非正式经济，还有至少将石油和天然气储备等一些自然资产折旧计入进来等各种建议。

尽管有此类问题，GDP 在计量“经济”产出的增长有多快（或不快）方面，的确是成效非凡，而且 GDP 的增长与社会福利状况休戚相关。尽管在测量创新、质量和无形资产方面，GDP 有些力不从心，但它依然优于任何一个现有的替代性方法。有些替代性方法衡量的是福利而不是产出，但这两种不同的概念不能被混为一谈。有些经济学家担心，国家统计部门的预算削减将会导致更难获得高质量的国民核算统计数据。他们对资源转换成更加时髦的“幸福”等指标而感到遗憾，也肯定会反对削弱收集 GDP 及其相关统计数据的进一步努力。

相比笼统地问市民他们的幸福程度，其他方面的改革更加紧迫。联合国颁布的 GDP 标准定义应该抛弃间接计算的银行中介服务产出这个具有误导性的概念，重新回归最简单的金融行业测量方法。

国家统计部门应该进行定期的时间使用调查，以便掌握非正式经济情况。

开发新的“幸福”测量手段，或者可持续经济福利指标 ISEW 或真实发展指标 GPI（尽管“幸福”或“福祉”的测量途径也许会适时变得比现在更加复杂，而且对政策更加有用）等新的指标，都是没有必要的。有效的福利指标已经存在，而且所有的构成成分都纳入了 GDP 替代方法中。人类发展指数就是一个被充分理解的测量方法。可持续经济福利指标的

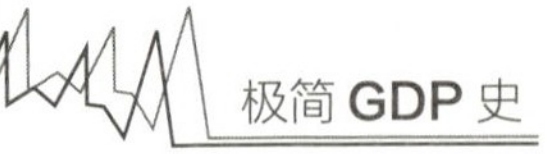

各种变体是有缺陷的，因为给予各种成分的权重具有任意性，缺乏一致的标准。

然而，我们迫切需要一个标准的、官方的可持续性指标。目前，政府无从得知政策所促进的增长是否以牺牲未来的发展和生活水平为代价。个体和整个国家之间的比较从来都是不准确的（而且确实还具有误导性），但正如一家企业需要一张资产负债表以及损益账户，一个国家也需要密切注视它的资产。国家有权以某种方式影响其资产的数量和价值，而这种方式企业或家庭却不能用。但这也是有限的，政府需要保证未来时代的人们能够享受的生活水准起码不低于我们目前的水平，因此他们必须谨防自然资源的过度损耗或二氧化碳的过度排放，还要确保未来的纳税人不会面临高昂的养老和医疗负担。[22]

统计数据的采集需要现代化。国民经济核算和其他官方经济数据来源广泛，这在本书第 1 章已经论及，但个人及企业调查是构成这些数据源的骨干。这些常规的调查方法，包括给某些企业发放表格或派遣研究人员去不同销售点收集价格信息等，在经济结构发生变化的时候，就跟不上时代了。一个显见的例子是超级卖场或网上购物的普及改变了价格信息的采集方式，因为这两种渠道的购物价格很可能比其他地方低廉。新经济部门的出现，比如新兴数字化公司或移动通信的兴起，意味着统计数据的采集会滞后于它们的就业和投资水平。诸如此类的问题还有不少。

现在是时候采用新技术进行数据采集了。这对于发展中国家来说尤为重要，因为移动电话目前在那里已经很普及了，这给经济测量提供了前所未有的机会。正如谨慎使用的“用户生成的内容”已经在灾难救济、社会企业和新闻媒体中成为一种重要的资源，用户采集的统计数据未来也可能被证明是一种更加及时、准确的数据来源。然而，这方面的尝试还非常少，仅限于几项健康数据的收集活动。发达国家的国家统计人员没有什么动力去尝试原始数据的网上或移动收集。在最坏的情况下，他们可以降低成本，而且可能会获得一幅更具活力、更准确的经济活动图景。

然而，尽管上述改革很有意思，也很重要，但还有一个更深层次的问题不容忽视。GDP 有没有因为经济特性的改变而达到它的极限？国民经济核算涉及的定义变得太过复杂和令人费解，而且占用了太多的统计预算——当然，这不包括诸如曾经编造数据的希腊，或者没有收集必要的原始数据的非洲国家等。很多国家几十年来建成的 GDP 数据库，经济学家们经常在理论构建和政策制定时参考引用，让人们觉得 GDP 是一个自然物体，对它的测量会越来越精确。但这种精确是虚假的，被测量的“物体”仅仅是一个概念而已，它并不具有独立的存在性，等着被人发现和计算。

美国商务部称 GDP 为 20 世纪最伟大的发明之一，这千真万确，在地平线上它无可替代。但与其继续把定义和改良弄得更加复杂，倒不如统计人员和经济学家更深入地思考一下，“经济”在 21 世纪究竟意味着什么。

在过去的几十年里，随着增长的持续，经济的结构和特性已经发生了深刻的变化。备受瞩目的森–斯蒂格利茨–高缇耶委员会（Sen-Stiglitz-Fitoussi Commission）着眼于“超越 GDP”，按照它的观点，“GDP 主要衡量的是市场生产”。这让事情朝相反的方向发展：GDP 界定市场生产，而这又被官方统计人员测量。但是，一个明确的、能一直沿用的“经济”定义并没有出现，人们可以根据这样的定义来测量像环境或家务这样的“卫星账户”。确切地说，经济是一个不固定的概念，它能够或许应该被重新定义。这就要求对 GDP 进行根本性的改革，用另一种测量法取而代之。当然，有可能用一系列测量法或一个仪表板，以便适应新的经济定义。

为什么在某种情况下，必须对“经济”进行更加激进的反思？类似的原因早就已经阐明了。归根结底，经济现在主要不是一种有形的，而是一种无形的存在。要将货币 GDP 分离成“数量”和“价格”成分，考虑质量的改进和选择的增加，难度一直都很大。当质量和个性化对服务或者商品供应来说变得极为重要时，这样的活动就没有意义了。与经济的这种变化相关的，是市场上的计酬工作和不计酬工作之间的界限正变得越来越模糊，更多的人为志愿性的价值创造活动（维基百科和 Linux 操作系统就是典型的例子）效力，或者利用他们的“闲暇”活动为计酬工作服务（比如与朋友外出时想到了一个绝妙的创意），或者把两者混合起来（比如一个庭院美化师在向客户出售新设计之前先在家庭成员中进行实践）。金融危机让反思经济价值的概念变得尤为紧迫。在最后一章里，我已经提出了一些需要重点思考的领域，但这肯定不是今天“经济”所含内容的定论。

与此同时，最为重要的是不能将 GDP 和社会福利混为一谈。经济的变化已经扩大了 GDP 和福利之间的差距。产品种类增长的速度越来越快，客户定制越来越多，在很多创意性行业和职业中休闲和工作的界限越来越模糊——所有这一切都意味着 GDP 的增长对福利增加的低估程度越来越严重。流行的观点普遍认为 GDP 夸大了人们生活水平的提高程度，然而真实情况却可能恰恰相反。

目前，我们正陷于统计的迷雾中，既缺乏当增长不可持续并且消耗未来可用的自然及其他资产时，关于发展的负面信息，也没有关于增长促进创新和创造的正面信息。尽管存在种种缺陷，GDP 仍然是一束穿透迷雾的强光。

致谢

这本书的出现，缘起于普林斯顿大学出版社的彼得·多尔蒂（Peter Dougherty），他热情地邀请我在2011年的智库政策交流中做一次演讲，并建议我将该内容进行扩充，我对此感激不尽。我要感谢下面这些人对本书的草稿提出了建议和意见，他们是：西蒙·布里斯科（Simon Briscoe）、温迪·卡林（Wendy Carlin）、布雷特·克里斯托弗、托尼·克莱顿（Tony Clayton）、鲍勃·哈恩（Bob Hahn）、安德鲁·霍尔丹（Andrew Haldane）、乔纳森·哈斯克尔（Jonathan Haskel）、哈罗德·詹姆斯（Harold James）、安德鲁·凯利（Andrew Kelly）、斯蒂芬·金（Stephen King）、罗布·梅特卡夫（Rob Metcalfe）、彼得·辛克莱（Peter Sinclair）、保拉·苏巴基（Paola Subacchi）和罗米希·韦提林根（Romesh Vaitilingam）。我也受惠于2013年2月参加过我在东英吉利亚大学讲座的那些师生们的评论，以及2012年6月的列格坦研究所圆桌会议与会者的评论。

像以往一样，我要隆重感谢我的代理人莎拉·曼格克（Sara Menguc），也要隆重感谢长期容忍我的家人：罗里（Rory）、亚当（Adam）和鲁弗斯（Rufus）。同时，还要感谢名叫 Cabbage 的狗，它虽然没有对 GDP 作出过贡献，但它极大地增进了我的幸福感。

注释 GDP

前言：要命的数字，GDP 如何影响人们的生活

1. "Greece's Statistics Chief Faces Criminal Probe," *Financial Times*,27 November 2011; "Greek Statistics Chief Faces Charges over Claims of Inflated 2009 Deficit Figure," *Ekathimerini.com*, 22 January 2013, http://www.ekathimerini.com/4dcgi/_w_articles_wsite1_1_22/01/2013_479717;"Numbers Game Turns Nasty for Greek Stats Chief," *Reuters*, 14 March 2013, http://uk.reuters.com/article/2013/03/14/uk-greece-stats-insight-idUKBRE92D0AW20130314.Both accessed 15 March 2013.
2. "Report on Greek Government Debt and Deficit Statistics," European Commission, January 2010. By 2008, Greece had become the world's fifth biggest importer of military equipment.

3. See Tim Harford,"Look Out for Number 1," http://timharford.com/2011/09/look-out-for-no-1/; Andrew McCullogh,"Beware of Greeks Bearing Stats,"*Significance*, http://www.significancemagazine.org/details/webexclusive/1406899/Beware-of-Greeks-bearing-stats-Debt-statistics-and-Benfords-Law.html; and"The Curious Case of Benford's Law,"*WolframAlpha Blog*, 13 December 2010, http://blog.wolframalpha.com/2010/12/13/the-curious-case-of-benfords-law/. Benford's Law applies to many types of data where the entries span several orders of magnitude from units and tens to millions and billions, not just economic statistics. Belgium's data also fail to conform, whereas statistics from Italy, Portugal, and Spain satisfy the law.
4. J. Steven Landefeld,"GDP: One of the Great Inventions of the 20th Century,"in Bureau of Economic Analysis, *Survey of Current Business* ,January 2000, http://www.bea.gov/scb/account_articles/general/0100od/maintext.htm.

第 1 章：战争与萧条，GDP 的诞生

1. Frits Bos,"Uses of National Accounts: History, International Standardization and Applications in the Netherlands,"MPRA

Paper no. 9387,30 June 2008, http://mpra.ub.uni-muenchen.de/9387/. Accessed 1 August 2012.

2. Benjamin H. Mitra-Kahn,"Redefining the Economy: How the'Economy' Was Invented, 1620" (Ph.D. dissertation, City University London,2011), http://openaccess.city.ac.uk/1276/. Accessed 3 August 2012.
3. Adam Smith, *The Wealth of Nations* (first published 1776), book II,chap. 3.
4. Geoff Tily, "John Maynard Keynes and the Development of National Accounts in Britain, 1895–1941," *Review of Income and Wealth* 55,no. 2 (2009): 331–359.
5. Angus Maddison,*The World Economy: Historical Statistics* (Paris:Organization for Economic Cooperation and Development, 2003), preface.
6. Joined by the United States after the attack on Pearl Harbor in December 1941.
7. See Robert William Fogel, Enid M. Fogel, Mark Guglielmo, and Nathaniel Grotte, *Political Arithmetic: Simon Kuznets and the Empirical Tradition in Economics* (Chicago: University of Chicago Press, 2013).
8. Jim Lacey, *Keep from All Thoughtful Men: How US Economists*

Won World War II (Annapolis: Naval Institute Press, 2011), 43.

9. Cited in Mitra-Kahn,"Redefining the Economy."
10. Richard Stone, *The Role of Measurement in Economics* (Cambridge: Cambridge University Press, 1951), 43.
11. Carol S. Carson,"The History of the United States National Income and Product Accounts: The Development of an Analytical Tool,"*Review of Income and Wealth* 21 (1975): 153–181.
12. Lacey, *Keep from All Thoughtful Men*, 47.
13. Richard Kane,"Measures and Motivations: U.S. National Income and Product Estimates during the Great Depression and World War II,"Munich Working Paper, February 2012, http://mpra.ub.uni-muenchen.de/44336/. Accessed 27 March 2013.
14. J. M. Keynes, *How to Pay for the War* (first pub. 1940), reprinted in *Essays in Persuasion* (Basingstoke: Macmillan for the Royal Economic Society, 1989).
15. Quoted in J. Steven Landefeld, "GDP: One of the Great Inventions of the 20th Century," in Bureau of Economic Analysis, *Survey of CurrentBusiness*, January 2000, http://www.bea.gov/scb/account_articles/general/0100od/maintext.

htm.

16. http://www.oecd.org/general/themarshallplanspeechatharvarduniversity5june1947.htm. Accessed 21 January 2013.
17. Twenty-three billion in 1952 dollars. See Stephen Lewarne and David Snelbecker, "Economic Governance in War Torn Economies: Lessons Learned from the Marshall Plan to the Reconstruction of Iraq,"USAID report, December 2004, http://www.oecd.org/derec/unitedstates/36144028.pdf. Accessed 21 January 2013.
18. Now part of Global Insight, http://www.ihs.com/products/global-insight/index.aspx?pu=1&rd=globalinsight_com. I worked for DRI's London office for two years in the late 1980s, as an economic forecaster.
19. Olivier Blanchard and Daniel Leigh, "Growth Forecast Errors and Fiscal Multipliers," IMF Working Paper 13/1, January 2013, http://www.imf.org/external/pubs/ft/wp/2013/wp1301.pdf. Accessed 15 January 2013.See also G. Corsetti,"What Determines Government Spending Multipliers,"IMF Working Paper, 2012, http://www.imf.org/external/pubs/ft/wp/2012/wp12150.pdf. Accessed 28 March 2013.
20. Stone, *The Role of Measurement in Economics*, 9.

21. Fran Cois is Lequiller and Derek Blades, *Understanding National Accounts* (Paris: Organization for Economic Cooperation and Development,2006).
22. Good introductions to the detail are J. Steven Landefeld, Eugene P.Seskin, and Barbara M. Fraumeni, "Taking the Pulse of the Economy: Measuring GDP," *Journal of Economic Perspectives* 22, no. 2 (2008): 193–216;Carlos M. Gutierrez et al.,"Measuring the Economy: A Primer on GDP and the National Income and Product Accounts," Bureau of Economic Analysis, U.S. Department of Commerce, September 2007, http://www.bea.gov/national/pdf/nipa_primer.pdf; and Lequiller and Blades, *Understanding National Accounts*.
23. Landefeld et al.,"Taking the Pulse of the Economy."
24. Wikipedia lists the main formulas: http://en.wikipedia.org/wiki/List_of_price_index_formulas.
25. Xan Rice, "Nigeria Statistics Chief Has Almost Figured Out the Economy," *Financial Times*, 22 May 2013.
26. http://paris21.org/nsds-status. Accessed 7 January 2013.
27. Alwyn Young,"The African Growth Miracle,"LSE Working Paper,2009, http://eprints.lse.ac.uk/33928/.
28. http://www.huffingtonpost.com/marcelo-giugale/fix-africas

statistics_b_2324936.html.18 December 2012. Accessed 7 January 2013.See also Morten Jerven, “Poor Numbers! What Do We Know about Income and Growth in Sub-Saharan Africa?” School for International Studies, Simon Fraser University, http://www.cgdev.org/doc/17-NOV-CGD-Poor 20Numbers-Jerven.pdf.

29. Young,“The African Growth Miracle.”
30. Maddison, *The World Economy*, 79.
31. “Toward a More Accurate Measure of the Cost of Living,”4 December1996, http://www.ssa.gov/history/reports/boskinrpt.html. Accessed 15 January 2013. See also Robert J. Gordon, “The Boskin Commission Reportand Its Aftermath,”http://faculty-web.at.northwestern.edu/economics/gordon/346.html. Accessed 15 January 2013.
32. Quoted in *The Guardian*, 3 December 2006, http://www.guardian.co.uk/business/2006/dec/03/past.interviews. Accessed 28 March 2013.
33. Lequiller and Blades, *Understanding National Accounts*, 98.

第 2 章：经济刺激，GDP 的狂飙

1. J. M. Keynes, *Economic Consequences of the Peace* (New York: Harcourt,Brace and Howe, 1920), chapter 6.
2. All these growth figures are from Angus Maddison, *The World Economy: A Millennial Perspective* (Paris: Organization for Economic Cooperation and Development, 2000).
3. F. Janossy, *The End of the Economic Miracle* (White Plains, NY: International Arts and Sciences Press, 1969).
4. Brilliantly evoked in Francis Spufford, *Red Plenty* (London: Faber,2010).
5. Frits Bos "Uses of National Accounts: History, International Standardization and Applications in the Netherlands,"MPRA Paper no. 9387,30 June 2008, http://mpra.ub.uni-muenchen.de/9387/, 29. Accessed 1 August 2012.
6. Nicholas Oulton,"The Wealth and Poverty of Nations: True PPPs for 141 Countries," Centre for Economic Performance, London School of Economics, March 2010.
7. Robert H. Wade, "Is Globalization Reducing Poverty and Inequality?"*World Development* 32, no. 4 (2004): 567–589.
8. Ibid.
9. Surjut Bhalla,"World Bank—Peddling Poverty," *Business*

Standard,22 December 2007, http://www.business-standard.com/article/opinion/surjit-s-bhalla-world-bank-peddling-poverty-107122201086_1.html. Accessed 23 March 2013.

10. Oulton, "The Wealth and Poverty of Nations."

第 3 章：停滞泥潭，增长乏力时代的反思

1. Real GDP per capita, Western Europe and the United States, in 1990 adjusted dollars, from Angus Maddison, *The World Economy: A Millennial Perspective* (Paris: Organization for Economic Cooperation and Development, 2000).
2. "A Woman Complains,"*Business Week*, 3 October 1942, http://invention.smithsonian.org/centerpieces/whole_cloth/u7sf/u7images/act4/complains.html. Accessed 21 January 2013.
3. Siddhartha Mukherjee, *The Emperor of All Maladies* (London:Fourth Estate, 2011), 21–22.
4. David Landes, *The Wealth and Poverty of Nations* (New York: W. W.Norton, 1998).
5. A. W. Phillips,"The Relationship between Unemployment and the Rate of Change of Money Wages in the United Kingdom 1861–1957,"*Economica* 25, no. 100 (1958): 283–299.

6. Later the "non-accelerating inflation rate of unemployment"or NAIRU. Macroeconomic textbooks cover this. See, for example, Wendy Carlin and David Soskice, *Macroeconomics: Imperfections, Institutions and Policies* (Oxford: Oxford University Press, 2005).
7. International Monetary Fund, World Bank, Organization for Economic Cooperation and Development, and the European Bank for Reconstruction and Development, *A Study of the Soviet Economy* (Paris: Organization for Economic Cooperation and Development, 1991).
8. J. A. Piazza, "Globalization Quiescence: Globalization, Union Density and Strikes in 15 Industrialized Countries,"*Economic and Industrial Democracy* 26, no. 2 (2005): 289–314.
9. Amartya Sen, *Poverty and Famines: An Essay on Entitlements and Deprivation* (Oxford: Clarendon Press, 1982).
10. Amartya Sen, *Development as Freedom* (Oxford: Oxford University Press, 1999).
11. See these and other examples in Charles Kenny, *Getting Better* (New York: Basic Books, 2011).

第 4 章：重获生机，技术革命引爆生产率

1. Paul A. David, 1990."The Dynamo and the Computer: An Historical Perspective on a Modern Productivity Problem,"*American Economic Review* 80, no. 2 (1990): 355–361.Available at http://elsa.berkeley.edu/~bhhall/e124/David90_dynamo.pdf. Accessed 23 January 2013.
2. Angus Maddison, *The World Economy: A Millennial Perspective* (Paris: Organization for Economic Cooperation and Development, 1999).
3. Tim Berners-Lee's message at the opening ceremony of the 2012 London Olympic Games.
4. Robert Solow,"We'd Better Watch Out,"*New York Times Book Review*,12 July 1987, 36.
5. Bill Lewis et al.,"US Productivity Growth, 1995–2000," McKinsey Global Institute, October 2001, http://www.mckinsey.com/insights/americas/us_productivity_growth_1995-2000.
6. Erik Brynjolfsson and Lorin M. Hitt,"Beyond Computation: Information Technology, Organizational Transformation and Business Performance,"*Journal of Economic Perspectives* 14, no. 4 (2000): 23–48.

7. Robert J. Gordon, "Is US Economic Growth Over? Faltering Innovation Confronts the Six Headwinds," CEPR Policy Insight no. 63,2012, http://www.cepr.org/pubs/PolicyInsights/CEPR_Policy_Insight_063 .asp.

8. Alan Greenspan, *The Age of Turbulence* (New York: Allen Lane,2007), 167.

9. S. Broadberry, "Britain's 20th Century Productivity Performance," Warwick University working paper, 2005, http://www2.warwick.ac.uk/fac/soc/economics/staff/academic/broadberry/wp/labmkt5.pdf. Accessed 23 January 2013.

10. J. Bradford DeLong,"How Fast Is Modern Economic Growth?" http://www.j-bradford-delong.net/Comments/FRBSF_June11.html, citing William D. Nordhaus,"Do Real-Output and Real-Wage Measures Capture Reality? The Price of Light Suggests Not," Cowles Foundation Discussion Paper 1078, September 1994, http://cowles.econ.yale.edu/P/cp/p09b/p0957.pdf. Accessed 23 January 2013.

11. Jerry A. Hausman, "Valuation of New Goods under Perfect and Imperfect Competition," NBER Working Paper no. 4970, December 1994.

12. William D. Nordhaus,"The Progress of Computing,"Department

of Economics, Yale University, August 2001.

13. William J. Baumol, *The Free-Market Innovation Machine* (Princeton,NJ: Princeton University Press, 2002).
14. Mark Bils and Peter J. Klenow, "The Acceleration in Variety Growth,"*American Economic Review* 91, no. 2 (2001): 274–280.
15. Diane Coyle, *The Weightless World* (Oxford: Capstone, 1996).

第 5 章：大崩盘，充斥金融泡沫的 GDP

1. James Glassman and Kevin Hassett, *Dow 36,000* (New York: Three Rivers Press, 1999).
2. Robert Shiller, *Irrational Exuberance* (Princeton, NJ: Princeton University Press, 2000).
3. See John Kay, *Obliquity* (London: Profile Books, 2010).
4. Kenneth Pomeranz, *The Great Divergence: China, Europe, and the Making of the Modern World Economy* (Princeton, NJ: Princeton University Press, 2000).
5. "Has China Already Passed the U.S. as the World's Largest Economy?" *WashintonBlog*, 5 April 2012, http://www.washingtonsblog.com/2012/04/has-china-already-passed-the-u-s-as-the-worlds-largest-economy.html.

6. Andrew Haldane, “The $100 Billion Question,” speech, March2010, http://www.bankofengland.co.uk/publications/Pages/news/2010/036.aspx. Accessed 3 August 2012.
7. Andrew Haldane, Simon Brennan, and Vasileios Madouros, “The Contribution of the Financial Sector: Miracle or Mirage?”in *The Future of Finance: The LSE Report* (London: London School of Economics and Political Science, 2010), 87–120,http://harr123et.files.wordpress.com/2010/07/future of finance5.pdf.
8. Gross value added less compensation for employees and other taxes on production.
9. Francis Lequiller and Derek Blades, *Understanding National Accounts*(Paris: Organization for Economic Cooperation and Development,2006).
10. A further complication is that financial services represent intermediate consumption by other businesses and households, but there is no obvious way to allocate the amount between the two categories.
11. Haldane et al., “The Contribution of the Financial Sector.”
12. Susanto Basu, Robert Inklaar, and J. Christina Wang, “The Value of Risk: Measuring the Services of U.S. Commercial

Banks," *Economic Inquiry* 49, no. 1 (2011): 226–245.

13. Antonio Colangelo and Robert Inklaar, "Banking Sector Output Measurement in the Euro Area: A Modified Approach," ECB Working Paper Series no. 1204, 2010.
14. For an example of this lobbying, see Haley Sweetland Edwards,"He Who Makes the Rules," *Washington Monthly*, March 2013, http://www.washingtonmonthly.com/magazine/march_april_2013/features/he_who_makes_the_rules043315.php?page=all.
15. Alastair Darling, *Back from the Brink: 1,000 Days at Number 11*(London: Atlantic Books, 2011).
16. Alan Greenspan, "Dodd-Frank Fails to Meet Test of Our Times,"*Financial Times*, 29 March 2011, http://www.ft. com/cms/s/0/14662fd8-5a28-11e0-86d3-00144feab49a.html#axzz1HtbBWxDD. Accessed 27 March 2013.
17. Brett Christophers, *Banking across Boundaries: Placing Finance in Capitalism* (Chichester, West Sussex: Wiley-Blackwell,2013), 143.
18. Ibid., 192.
19. Leonidas Akritidis, "Improving the Measurement of Banking Services in the UK National Accounts," *Economic and Labour*

*Market Review*1, no. 5 (May 2007): 29–37.

20. Christophers, *Banking across Boundaries*, 239.
21. Richard Stone, "The Accounts of Society," Nobel Memorial Lecture,8 December 1984, http://www.nobelprize.org/nobel_prizes/economic-sciences/laureates/1984/stone-lecture.pdf.
22. Christophers, *Banking across Boundaries*, 105.
23. The canonical books are Tim Jackson, *Prosperity without Growth:Economics for a Finite Planet* (London: Routledge, 2009); and Paul R. Ehrlich,*The Population Bomb* (New York: Ballantine, 1968).
24. Clyde Haberman, "For Italy's Entrepreneurs, the Figures Are Bella," *New York Times*, 16 July 1989, http://www.nytimes.com/1989/07/16/magazine/for-italy-s-entrepreneurs-the-figures-are-bella.html?page wanted=all&src=pm.
25. Friedrich Schneider,"Size and Development of the Shadow Economy of 31 European and 5 Other OECD Countries from 2003 to 2012:Some New Facts,"Johannes Kepler University, December 2011, http://www.econ.jku.at/members/Schneider/files/publications/2012/ShadEc Europe31.pdf. See also Friedrich Schneider with Dominik Enste, "Hiding in the Shadows: The Growth of the Underground Economy,"

International Monetary Fund, March 2002, http://www.imf.org/external/pubs/ft/issues/issues30/index.htm#3.

26. http://www-2009.timeuse.org/information/studies/.
27. Jonathan Gershuny, “Time-Use Surveys and the Measurement of National Well-Being,”Centre for Time-Use Research, Department of Sociology,University of Oxford, September 2011, http://www.ons.gov.uk/ons/rel/environmental/time-use-surveys-and-the-measurement-of-national-well-being/article-by-jonathan-gershuny/index.html.
28. Quoted in *The Observer*, 24 March 2013, http://www.guardian.co.uk/money/2013/mar/24/poorer-familes-deserve-childcare Accessed 27 March 2013.
29. Michael Sandel,“What Money Can’t Buy: The Moral Limits of Markets,” Tanner Lectures on Human Values, delivered at Brasenose College,Oxford, 1998.
30. See Diane Coyle, *The Economics of Enough* (Princeton, NJ: Princeton University Press, 2011).
31. For details, see http://www.ons.gov.uk/ons/guide-method/userguidance/ well-being/index.html.
32. David G. Blanchflower and Andrew G. Oswald, “Is Well-being U-Shaped over the Life Cycle?” *Social Science and Medicine*

66, no. 8 (2008):1733–1749.

33. William D. Nordhaus and James Tobin, “Is Growth Obsolete?”in *Economic Research: Retrospect and Prospect*, vol. 5, *Economic Growth*,ed. William D. Nordhaus and James Tobin (New York: National Bureau of Economic Research, 1972), http://www.nber.org/books/nord72-1.
34. Simon Kuznets, *National Income and Capital Formation, 1919–1935*(New York: National Bureau of Economic Research, 1937), 37.
35. Nordhaus and Tobin, “Is Growth Obsolete?”
36. http://www.foe.co.uk/community/tools/isew/make-own.html.
37. J. Bradford DeLong, “How Fast Is Modern Economic Growth?”http://www.j-bradford-delong.net/Comments/FRBSF_June11.html. Accessed 12 July 2013.
38. Nicholas Oulton, “Hooray for GDP!”Centre for Economic Performance, London School of Economics, June 2012, paper submitted to the LSE Growth Commission.
39. *Report of the Commission on the Measurement of Economic Performance and Social Progress*, available at http://www.stiglitz-sen-fitoussi.fr/en/index.htm. Accessed 23 January 2013.

第 6 章：新方向，21 世纪的 GDP

1. "The Right Stuff: America's Move to Mass Customization," *Federal Reserve Bank of Dallas 1998 Annual Report*, http://www.dallasfed.org/assets/documents/fed/annual/1999/ar98.pdf.
2. Ibid.
3. See Amartya Sen, *Development as Freedom* (Oxford: Oxford University Press, 2001).
4. "The Right Stuff."
5. For a study of the surprising complexity of even a simple product, see Pietra Rivoli, *Travels of a T-shirt in the Global Economy* (Hoboken, NJ:Wiley, 2005).
6. Susan N. Houseman and Kenneth F. Ryder, ed., *Measurement Issues Arising from the Growth of Globalization: Conference Papers*, UpjohnInstitute, 2010, http://www.bea.gov/papers/pdf/bea_2010_conference%20papers_final.pdf.
7. Yuqing Xing,"How the iPhone Widens the US Trade Deficit with China," *Vox*, 10 April 2011, http://www.voxeu.org/index.php?q=node/6335.Accessed 14 January 2013.
8. Andrew Walker,"UK Productivity Puzzle Baffles Economists," *BBC World Service*, 17 October 2012, http://www.bbc.co.uk/

news/business-19981498.

9. Diane Coyle, *The Weightless World* (Oxford: Capstone, 1996).

10. W. J. Baumol and W. G. Bowen,"On the Performing Arts: The Anatomy of Their Economic Problems,"*American Economic Review* 55,no. 1/2 (1965): 495–502.

11. Kevin Kelly,"The Post-Productive Economy,"*The Technium*, January 2013, http://www.kk.org/thetechnium/archives/2013/01/the_post produc.php.

12. Paul Krugman,"Robots and Robber Barons,"*New York Times*, December 2012, http://www.nytimes.com/2012/12/10/opinion/krugmanrobots-and-robber-barons.html?_r=0.

13. Erik Brynjolfsson and Adam Saunders,"What the GDP Gets Wrong," *MIT Sloan Management Review*, fall 2009,http://sloanreview.mitedu/article/what-the-gdp-gets-wrong-why-managers-should-care/. Accessed 27 March 2013.

14. See, for example,"What Good Is the Internet?"*Economist*, 8 March 2013, http://www.economist.com/blogs/freeexchange/2013/03/technology.Accessed 27 March 2013.

15. Erik Brynjolfsson and JooHee Oh,"The Attention Economy: Measuring the Value of Free Digital Services on the Internet," MIT working paper, July 2012. See also a summary in"Net

Benefits,"*The Economist*,9 March 2013, http://www.economist.com/news/finance-and-economics/21573091-how-quantify-gains-internet-has-brought-consumers-net-benefits.

16. Michael Mandel,"Beyond Goods and Services: The (Unmeasured) Rise of the Data-Driven Economy,"Progressive Policy Institute Policy Memo, October 2012.
17. William D. Nordhaus and James Tobin, "Is Growth Obsolete?" in *Economic Research: Retrospect and Prospect*, vol. 5, *Economic Growth*, ed.William D. Nordhaus and James Tobin (New York: National Bureau of Economic Research, 1972), http://www.nber.org/books/nord72-1.
18. Diane Coyle, *The Economics of Enough* (Princeton, NJ: Princeton University Press, 2011).
19. Martin L. Weitzman,"On the Welfare Significance of National Product in a Dynamic Economy," *Quarterly Journal of Economics* 90(1976): 156–162;Martin L. Weitzman, *Income, Capital, and the Maximum Principle* (Cambridge, MA: Harvard University Press, 2003).
20. Nicholas Oulton,"The Wealth and Poverty of Nations: True PPPs for 141 Countries,"Centre for Economic Performance, London School of Economics, March 2010.

21. Ben Friedman, *The Moral Consequences of Economic Growth* (New York: Alfred A Knopf, 2005).
22. I discussed these issues in more detail in *The Economics of Enough*.

译者后记 GDP

GDP：风吹草动总关情

如果有一个数据，它的任何一丝风吹草动，都能让上至政要下至黎民，牵肠挂肚，忽喜忽悲，那么它一定是 GDP。

一个指标能被重视到如此，不能不说是一种历史的幸运，但又何尝不是一种悲哀：人们对它太熟悉了，熟悉得不愿意再去深入了解一下。GDP 究竟是什么？它又是如何被确定为国际通行的衡量经济的指标的？它好在哪儿，又坏在哪儿？为什么它的一丝风吹草动严重时甚至能引起执政党下台、政府改组的后果？一大批对 GDP 狂热膜拜或口诛笔伐的人，往往在面对这些基本问题时有些力不从心。

在很多情况下，GDP 的命运不外乎以下两种：用无限拔高激起的反感来消解这个国际通用的经济计量指标应有的重要性，用随意贬低来嫁祸人为失误导致的种种灾难性经济社会后果。究竟是 GDP 的罪，还是片面追求 GDP 的罪，这是几十年来人类历史上一桩悬而未决的公案。

和无原则的臧否相比，深入事物的内在，从根源出发厘清它演变的脉络，探求人类经济社会发展及其衡量方法的变化图谱，从而为继承或扬弃提供坚实的根由，要费时费力得多，但却有意义得多。让我们首先去理解它，在理解的基础上，再尝试着去评价它，这或许是对待 GDP 和受它影响多年的我们自己，相对公正的方法。

哈佛大学经济学博士、曼彻斯特大学经济学教授、英国财政部前顾问黛安娜·科伊尔和她的这本畅销书《极简 GDP 史》将会成为这个探求历程的帮手。任何历史，都是为现在和未来而写。科伊尔在历史、现实和未来的时空交汇视角中，解释了 GDP 的概念，描述了它的发展历史，揭示了它的局限性，并捍卫了它作为经济政策重要指标的地位。

GDP 究竟是什么？它不是一种基本事实，等着人们去测量，而是一种抽象构念，但它几乎囊括了一切事物：钉子、牙刷、拖拉机、鞋、理发、管理咨询……简而言之，经济中所有的服务和货物。然后采用极其复杂的方法进行调整，为了应对季节性波动，必须考虑通胀因素并进行标准化，从而让各时段的统计数据具有可比性；随后，它还必须基于某种设定的汇率再次被调整，从而使各国之间具有可比性。

和很多后天建构的东西一样，GDP 的诞生也是出于现实的需求。20 世纪三四十年代的两大地震式事件——经济大萧条和第二次世界大战，促发了各国对国家经济全貌衡量指标的需求，最后 GDP 在和其他种种经济计量方法的角力中胜出而一役成名。一句话，是历史选择了 GDP。这项抽象的统计数字通过极其复杂的方法推导出来以后，就成为了衡量经济运行表现的至高无上的指标，成为了各国政府和全球央行评估经济的重要参考因素。它像一只无形的指挥棒，左右着各方对经济运行总趋势的评判预测、经济政治决策的取向，以及小民福利的起起落落。

GDP 绝不是万能的。它有自己的作用力边界，企图让它在能力边界之外效力，既不科学，也不现实。首先，这个指标本身只是对总产值的一个粗略反映。全球范围内的非正式经济规模一直处于增长态势，而其中的自给性生产、逃避纳税和监管的地下经济等，由于未经市场交易或测量困难等原因而被排除在官方 GDP 统计之外。其次，它不能全面反映质量的进步。用同样的价格购买一台笔记本电脑，今天买的这台比起 10 年前买的那台，性能已经大大提高，而且更轻更便携。再次，它无法反映技术进步对福利的增进。以前人们买一张唱片起码要花上十几元、二十元，而现在互联网免费视听产品唾手可得，同样是欣赏到了音乐却分文不花，消费者盈余明显扩大，但一次文化消费创造的 GDP 从十几元、二十元降到了几乎为零。第四，它只重结果而不计损失。污染越严重 GDP 越高，资源损耗越大 GDP 越高，因为污染治理投入和石油、天然气开采投资都会计入 GDP 数据，它不对污染后果负责，也不对自然资产损耗负责。更不容忽视的是，GDP 的高增长并不总是一件值得迷恋的好东西。这项指标测量的不是一国财产或资产负债情况，而是收入、支出及生产的逐年变动状况。一场天灾、一次人祸损毁了财产，灾后对损失进行各种修复和弥补，结果就是 GDP 的高增长。第二次世界大战后资本主义国家经济发展的黄金时代，不过就是对这种先“损毁 + 再修复 = 高增长”模式的一次成功演练。

除了这些内生性的局限之外，GDP 还有时代性的局限。诞生于大规模物质生产时代的 GDP，强于测量有形物质产品数量和产生货币交易的经济活动。而在过去的几十年里，随着增长的持续，经济的结构和特性已经发生了深刻的变化。技术驱动型创新带来多样性激增，新产品、新服务推出的速度大大加快，商品生产全球产业链化，经济的复杂程度显著提升。先进经济体系份额增长，它主要由服务和免费线上活动等“无形资产”构成，而不是由物质产品构成，因此无法分离质量和数量，甚至根本无法考虑数量。可持续性问题迫在眉睫，它要求对资源和资产的损耗投入更多关注，因为它已经在削弱未来 GDP 的增长潜力。经济的特征变化不定，衡量它的方法也要随之而变。

伴随着世界经济的冷热起伏和人类对环境及社会问题的愈发关注，对 GDP 的质疑和诟病甚嚣尘上。如环保主义者认为它导致了对经济增长的过度强调而牺牲了地球环境质量，幸福主义倡导者认为它需要被真正衡量幸福的指标所取代，某些社会活动分子认为对 GDP 的关注掩盖了社会不平等不和谐问题。这些质疑促发了各种替代性统计指标的出现，比如真实发展指数、可持续经济福利指标、人类发展指数等等。

草率的抛弃和过度的推崇一样，都是非理性的。经济发展是人类福祉的重要贡献力量，而 GDP 在计量经济增长快慢方面的确成效非凡，至今仍然是全球通行的诊断经济总趋势的重要指标，引导市场主体理性决策，促进经济平稳运行，主导经济发展状况的国际比较。很多 GDP 解决不了的问题，其他替代性指标也解决不了。比如，随着科技的进步越来越多的商品价格为零，因而对 GDP 的贡献为零，但它们绝不是毫无价值的。如何衡量科技对人类生活的影响，是 GDP 面临的难题之一，但其他计量指标似乎也对此无能为力。同时，GDP 也为未来的国民福利测量奠定了良好的基础。研究发现，幸福指标与 GDP 数据存在高度的正相关关系，GDP 较高的国家，在民众真正关心的大部分福利性问题上也表现得很好。因此，质疑归质疑，GDP 始终屹立不倒。

是发展本身为人类创造了反思发展后果的机会。我们今天能对 GDP 说长论短，恰恰是追求 GDP 增长带来的福利。归根到底，只有当经济发展到一定程度，收入远高于食品、住房和衣物支出，并且多到可以让人拥有足够的闲暇和自信时，人们才能超越谋生的艰辛，去反思经济发展的是是非非。要不然，我们可能还在田间地头、工厂车间，为 GDP 数据的每一点微乎其微的上升而挥汗如雨。

2000 年，美国经济分析局宣布 GDP 为“20 世纪最伟大的发明之一”，时至今日，地平线上它无可替代。然而，只用一种指标，哪怕它再好，也无法一劳永逸地掌握经济发展的全部问题。同样，企图只读一本书就阅尽一个经济成功首要衡量指标的全貌，也难免失之以偏。GDP 统计员手册已经长达好几百页，有关的说明文件也有数百页之长，能够真正理解这些定期公布的 GDP 数据是如何构成的人，真可谓凤毛麟角。但无论如何，当你翻开这本书，一页页读下去的时候，会发现一个远离成见的 GDP 从历史深处走来，原先那些斩钉截铁的常识或定论会突然变得犹豫起来。

作为这本书的全球首位中文译者，我接到这个邀请时喜出望外：翻译的辛苦一定将被求知的快乐所冲淡，每遭遇一个难点都似一场悬崖边的巅峰对决，求生的渴望总能创造奇迹。哪怕只用一滴水，也要认识整条河。翻译此书的 150 多天里，我在宏观经济学的汪洋大海里畅饮知识的甘露，越辛苦越欢乐！感谢湛庐文化对我的信任。感谢黄文忠的专业指导。感谢长期支持我的家人。感谢刘洪涛、陈家慧、高志新、谢泰峰、王元元、罗雪挥等人在我求学、工作历程中以帮助者的形象出现。感谢助我成长为今天这般坚韧而上进的所有人。由于可参考的同类书籍不多，文中难免有疏漏之处，也感谢各位读者包容。

湛庐，与思想有关……

如何阅读商业图书

商业图书与其他类型的图书，由于阅读目的和方式的不同，因此有其特定的阅读原则和阅读方法，先从一本书开始尝试，再熟练应用。

阅读原则1 二八原则

对商业图书来说，80% 的精华价值可能仅占 20% 的页码。要根据自己的阅读能力，进行阅读时间的分配。

阅读原则2 集中优势精力原则

在一个特定的时间段内，集中突破 20% 的精华内容。也可以在一个时间段内，集中攻克一个主题的阅读。

阅读原则3 递进原则

高效率的阅读并不一定要按照页码顺序展开，可以挑选自己感兴趣的部分阅读，再从兴趣点扩展到其他部分。阅读商业图书切忌贪多，从一个小主题开始，先培养自己的阅读能力，了解文字风格、观点阐述以及案例描述的方法，目的在于对方法的掌握，这才是最重要的。

阅读原则4 好为人师原则

在朋友圈中主导、控制话题，引导话题向自己设计的方向去发展，可以让读书收获更加扎实、实用、有效。

阅读方法与阅读习惯的养成

（1）回想。阅读商业图书常常不会一口气读完，第二次拿起书时，至少用 15 分钟回想上次阅读的内容，不要翻看，实在想不起来再翻看。严格训练自己，一定要回想，坚持 50 次，会逐渐养成习惯。

（2）做笔记。不要试图让笔记具有很强的逻辑性和系统性，不需要有深刻的见解和思想，只要是文字，就是对大脑的锻炼。在空白处多写多画，随笔、符号、涂色、书签、便签、折页，甚至拆书都可以。

（3）读后感和 PPT。坚持写读后感可以大幅度提高阅读能力，做 PPT 可以提高逻辑分析能力。从写读后感开始，写上 5 篇以后，再尝试做 PPT。连续做上 5 个 PPT，再重复写三次读后感。如此坚持，阅读能力将会大幅度提高。

（4）思想的超越。要养成上述阅读习惯，通常需要 6 个月的严格训练，至少完成 4 本书的阅读。你会慢慢发现，自己的思想开始跳脱出来，开始有了超越作者的感觉。比拟作者、超越作者、试图凌驾于作者之上思考问题，是阅读能力提高的必然结果。

[特别感谢：营销及销售行为专家 孙路弘 智慧支持！]

我们出版的所有图书，封底和前勒口都有“湛庐文化”的标志

并归于两个品牌

找“小红帽”

为了便于读者在浩如烟海的书架陈列中清楚地找到湛庐，我们在每本图书的封面左上角，以及书脊上部 47mm 处，以红色作为标记——称之为**“小红帽”**。同时，封面左上角标记**“湛庐文化 Slogan”**，书脊上标记**“湛庐文化 Logo”**，且下方标注图书所属品牌。

湛庐文化主力打造两个品牌：**财富汇**，致力于为商界人士提供国内外优秀的经济管理类图书；**心视界**，旨在通过心理学大师、心灵导师的专业指导为读者提供改善生活和心境的通路。

阅读的最大成本

读者在选购图书的时候，往往把成本支出的焦点放在书价上，其实不然。

时间才是读者付出的最大阅读成本。

阅读的时间成本=选择花费的时间+阅读花费的时间+误读浪费的时间

湛庐希望成为一个“与思想有关”的组织，成为中国与世界思想交汇的聚集地。通过我们的工作和努力，潜移默化地改变中国人、商业组织的思维方式，与世界先进的理念接轨，帮助国内的企业和经理人，融入世界，这是我们的使命和价值。

我们知道，这项工作就像跑马拉松，是极其漫长和艰苦的。但是我们有决心和毅力去不断推动，在朝着我们目标前进的道路上，所有人都是同行者和推动者。希望更多的专家、学者、读者一起来加入我们的队伍，在当下改变未来。

湛庐文化获奖书目

《大数据时代》

国家图书馆"第九届文津奖"十本获奖图书之一

CCTV"2013中国好书"25本获奖图书之一

《光明日报》2013年度《光明书榜》入选图书

《第一财经日报》2013年第一财经金融价值榜"推荐财经图书奖"

2013年度和讯华文财经图书大奖

2013亚马逊年度图书排行榜经济管理类图书榜首

《中国企业家》年度好书经管类TOP10

《创业家》"5年来最值得创业者读的10本书"

《商学院》"2013经理人阅读趣味年报·科技和社会发展趋势类最受关注图书"

《中国新闻出版报》2013年度好书20本之一

2013百道网·中国好书榜·财经类TOP100榜首

2013蓝狮子·腾讯文学十大最佳商业图书和最受欢迎的数字阅读出版物

2013京东经管图书年度畅销榜上榜图书，综合排名第一，经济类榜榜首

《牛奶可乐经济学》

国家图书馆"第四届文津奖"十本获奖图书之一

搜狐、《第一财经日报》2008年十本最佳商业图书

《影响力》(经典版)

《商学院》"2013经理人阅读趣味年报·心理学和行为科学类最受关注图书"

2013亚马逊年度图书分类榜心理励志图书第八名

《财富》鼎力推荐的75本商业必读书之一

《人人时代》(原名《未来是湿的》)

CCTV《子午书简》·《中国图书商报》2009年度最值得一读的30本好书之"年度最佳财经图书"

《第一财经周刊》· 蓝狮子读书会·新浪网2009年度十佳商业图书TOP5

《认知盈余》

《商学院》"2013经理人阅读趣味年报·科技和社会发展趋势类最受关注图书"

2011年度和讯华文财经图书大奖

《大而不倒》

《金融时报》· 高盛2010年度最佳商业图书入选作品

美国《外交政策》杂志评选的全球思想家正在阅读的20本书之一

蓝狮子·新浪2010年度十大最佳商业图书，《智囊悦读》2010年度十大最具价值经管图书

《第一大亨》

普利策传记奖，美国国家图书奖

2013中国好书榜·财经类TOP100

《真实的幸福》

《第一财经周刊》2014年度商业图书TOP10

《职场》2010年度最具阅读价值的10本职场书籍

《星际穿越》

国家图书馆"第十一届文津奖"十本获奖图书之一

2015年全国优秀科普作品

《环球科学》2015最美科学阅读TOP10

《翻转课堂的可汗学院》

《中国教师报》2014年度"影响教师的100本书"TOP10

《第一财经周刊》2014年度商业图书TOP10

湛庐文化获奖书目

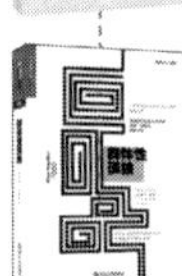

《爱哭鬼小隼》

国家图书馆“第九届文津奖”十本获奖图书之一
《新京报》2013年度童书
《中国教育报》2013年度教师推荐的10大童书
新阅读研究所“2013年度最佳童书”

《群体性孤独》

国家图书馆“第十届文津奖”十本获奖图书之一
2014“腾讯网•啖书局”TMT十大最佳图书

《用心教养》

国家新闻出版广电总局2014年度“大众喜爱的50种图书”生活与科普类TOP6

《正能量》

《新智囊》2012年经管类十大图书，京东2012好书榜年度新书

《正义之心》

《第一财经周刊》2014年度商业图书TOP10

《神话的力量》

《心理月刊》2011年度最佳图书奖

《当音乐停止之后》

《中欧商业评论》2014年度经管好书榜•经济金融类

《富足》

《哈佛商业评论》2015年最值得读的八本好书
2014“腾讯网•啖书局”TMT十大最佳图书

《稀缺》

《第一财经周刊》2014年度商业图书TOP10
《中欧商业评论》2014年度经管好书榜•企业管理类

《大爆炸式创新》

《中欧商业评论》2014年度经管好书榜•企业管理类

《技术的本质》

2014“腾讯网•啖书局”TMT十大最佳图书

《社交网络改变世界》

新华网、中国出版传媒2013年度中国影响力图书

《孵化Twitter》

2013年11月亚马逊（美国）月度最佳图书
《第一财经周刊》2014年度商业图书TOP10

《谁是谷歌想要的人才？》

《出版商务周报》2013年度风云图书•励志类上榜书籍

《卡普新生儿安抚法（0~1岁）》

2013新浪“养育有道”年度论坛养育类图书推荐奖

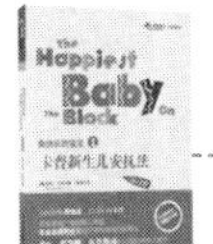

延伸阅读

《鞋狗》

扫码直达本书购买链接

◎ 比尔·盖茨、柳传志、李开复、徐小平、汪潮涌等商界领袖一致推荐，毛大庆倾情翻译。亚马逊年度重磅图书！

◎ 耐克创始人菲尔·奈特亲笔披露世界品牌“nike”从0到1全过程。创业者、管理者必读！

《塞氏企业：设计未来组织新模》

扫码直达本书购买链接

◎ 合弄制、自主薪酬、轮值CEO、参与式管理、利润共享……所谓的新兴管理方式这家企业30年前就都实现了！

◎ 来自巴西的全球未来领袖为你重新定义公司。

◎ 张瑞敏、周鸿祎、肖知兴、胡泳重磅推荐！

《伟大的挣扎：不确定时代的责任型领导力》

扫码直达本书购买链接

◎ 哈佛商学院教授、《纽约时报》畅销书《沉静领导》作者小约瑟夫·巴达拉克又一力作。

◎ 优客工场创始人、万科集团原高级副总裁毛大庆，秦朔朋友圈Chin @ Moments新媒体平台及中国商业文明研究中心发起人秦朔等联袂推荐。

《商界局外人：巴菲特尤为看重的八项企业家特质》

扫码直达本书购买链接

◎ 股神巴菲特、戴尔公司董事长兼CEO迈克尔·戴尔、投资新贵比尔·阿克曼强烈推荐，查理·芒格亲自审定。中国知名投资人张化桥倾情作序。

◎《福布斯》杂志号召“美国商界人士人手一本”的杰作。

图书在版编目（CIP）数据

极简GDP史 /（英）科伊尔著；邵信芳译．—杭州：浙江人民出版社，2017.4

ISBN 978-7-213-07968-9

Ⅰ．①极… Ⅱ．①科… ②邵… Ⅲ．①国内生产总值－研究 Ⅳ．① F222.33

中国版本图书馆CIP数据核字（2017）第063334号

浙江省版权局
著作权合同登记章
图字：11-2017-52号

上架指导：经济管理 / 经济史

极简GDP史

［英］黛安娜·科伊尔　著

邵信芳　译

出版发行：浙江人民出版社（杭州体育场路347号　邮编　310006）

市场部电话：（0571）85061682　85176516

集团网址：浙江出版联合集团　http://www.zjcb.com

责任编辑：蔡玲平

责任校对：戴文英　朱志萍

印　　刷：北京鹏润伟业印刷有限公司

开　　本：880毫米×1230毫米　1/32　　印　　张：7.25

字　　数：130千字　　插　　页：2

版　　次：2017年4月第1版　　印　　次：2017年4月第1次印刷

书　　号：ISBN 978-7-213-07968-9

定　　价：45.90元